Introdução à Sociologia da Educação

BIBLIOTECA UNIVERSITÁRIA

João Valdir Alves de Souza

Introdução à Sociologia da Educação

3ª edição revista e ampliada
1ª reimpressão

autêntica

Copyright © 2007 João Valdir Alves de Souza

Todos os direitos reservados pela Autêntica Editora Ltda. Nenhuma parte desta publicação poderá ser reproduzida, seja por meios mecânicos, eletrônicos, seja via cópia xerográfica, sem a autorização prévia da Editora.

EDITORAS RESPONSÁVEIS
Rejane Dias
Cecília Martins

CAPA
Guilherme Xavier

PROJETO GRÁFICO
Diogo Droschi

REVISÃO
Vera Lúcia De Simoni Castro
Lúcia Assumpção

DIAGRAMAÇÃO
Conrado Esteves
Jairo Alvarenga Fonseca

Souza, João Valdir Alves de

S729i   Introdução à Sociologia da Educação / João Valdir Alves de Souza. – 3. ed.; rev. amp.; 1. reimp. – Belo Horizonte : Autêntica, 2021.

208 p. – (Biblioteca Universitária)

ISBN: 978-85-8217-686-3

1.Sociologia educacional. I.Título. II. Série.

CDU 37.015.4

Ficha catalográfica elaborada por Rinaldo de Moura Faria – CRB-1006

Belo Horizonte
Rua Carlos Turner, 420
Silveira . 31140-520
Belo Horizonte . MG
Tel.: (55 31) 3465 4500

São Paulo
Av. Paulista, 2.073, Conjunto Nacional,
Horsa I . Sala 309 . Cerqueira César
01311-940 São Paulo . SP
Tel.: (55 11) 3034 4468

www.grupoautentica.com.br
SAC: atendimentoleitor@grupoautentica.com.br

SUMÁRIO

INTRODUÇÃO
Educação e escola como objetos de análise sociológica 7

PRIMEIRA PARTE: COMEÇO DE CONVERSA
Primeiras aproximações 23

CAPÍTULO I: COMUNIDADE 27
Comunidade e militância religiosa 29

CAPÍTULO II: SOCIEDADE 35
A sociedade vista por Karl Marx 39
A sociedade vista por Max Weber 47
A sociedade vista por Émile Durkheim 54
Aproximações e distanciamentos entre esses três
autores 61

CAPÍTULO III: CULTURA 65
A questão cultural 65
Acepções do termo cultura 71
Os profissionais do ensino como mediadores
culturais na escola 74

CAPÍTULO IV: EDUCAÇÃO 77
A educação segundo Durkheim 79
A educação segundo Weber 91
A educação segundo Marx 95

CAPÍTULO V: ESCOLA 103
Você trabalha ou estuda? 103
A formação docente 106
Trabalho docente e mediação cultural na escola 110

SEGUNDA PARTE: APROFUNDANDO O DEBATE
A centralidade da escola no mundo moderno 119

CAPÍTULO VI: EDUCAÇÃO E MODERNIDADE 121
A tessitura da modernidade: chaves de leitura 123
A tessitura da modernidade: dimensão histórica 127
A tessitura da modernidade: o projeto civilizatório ... 143

CAPÍTULO VII: EDUCAÇÃO E CIDADANIA 151
Direitos de cidadania como valor universal 151
Universalidade, individualidade, autonomia 153
Direitos de cidadania como uma conquista 160

CAPÍTULO VIII: EDUCAÇÃO E MUDANÇA SOCIAL 167
Sistemas de ensino e mobilidade social 168
As dimensões da mudança 172
Mudança social e positivismo 176
A educação como técnica social 183

CONCLUSÃO 191

REFERÊNCIAS 199

Introdução
Educação e escola como objetos
de análise sociológica

Tornou-se senso comum apontar a educação como fator de reconstrução social. Por extensão, universalizou-se também uma associação positiva da educação à escola, à modernidade, à cidadania e ao desenvolvimento. Palavra mágica do discurso cotidiano, a educação passou a ser vista como o elemento-chave no combate a todos os problemas que nos afligem, sejam os males do corpo e da alma, os transtornos provocados pela ausência de sentido para a vida, as aflições de um cotidiano atormentado por exclusão social, preconceito, violência, desemprego, crise dos valores, ausência de limites, etc.

Como outros elementos do senso comum, esse fator também pode até estar bem assentado em dados da realidade. Mas é necessário penetrar nesse discurso e realizar pelo menos três tarefas fundamentais: a primeira é compreender como ele se constituiu e adquiriu tamanha força; a segunda é compreender por que a educação passou a ser, cada vez mais, associada à escola; a terceira é confrontar esse discurso com a realidade dos fatos para tentar compreender o real alcance das promessas da educação.

Em outras palavras, a tarefa a ser levada a efeito é tentar compreender a relação entre o mundo das ideias que faz brotar as utopias pedagógicas e o mundo da realidade concreta no qual essas ideias se assentam. Trata-se de perguntar pelas circunstâncias que levaram à formação de um ideário otimista acerca da educação e da escola, sobretudo com o iluminismo e o positivismo, ao mesmo tempo em que é necessário perguntar pelas

COLEÇÃO BIBLIOTECA UNIVERSITÁRIA

condições concretas que conformam o trabalho dos educadores no mesmo mundo conturbado que espera pelas respostas positivas da educação.

Essa é uma tarefa bastante exigente, apesar de parecer não passar de coisa elementar, uma vez que todos se consideram possuidores de boas opiniões sobre a questão. Porém, apesar de ser legítimo o fato de todos manifestarem suas opiniões a respeito, o que está em jogo é algo mais do que "eu acho" ou "eu penso" a respeito da educação. O que está em debate nas páginas que se seguem é um modo particular de ver a educação e a escola no conjunto das relações que elas estabelecem com a sociedade, as culturas, o sistema econômico, o meio político, o ambiente ideológico, e outros. E esse modo particular de ver essas relações é aquele permitido pelas ciências sociais, entre elas a Sociologia e, particularmente, a Sociologia da Educação.

***

Apesar de não se limitar às experiências particulares, a reflexão sobre educação e escola pode começar pelo modo como cada um viveu ou vive a experiência da escolarização. Observe, inicialmente, como você tem se relacionado com a escola. Comece por um exercício de memória, desde a infância. Tente se lembrar do ambiente em que você nasceu e cresceu. Como eram a sua família, e as relações de vizinhança, de parentesco, de vida religiosa, do mundo do trabalho? Que imagens você tem das primeiras vezes que foi à escola? Que imagens você tem do seu percurso escolar, do percurso escolar de pessoas do seu convívio? Mobilize o que você conhece por experiência própria da sua relação com a escola e pelas leituras que já fez sobre a escola como instituição educativa, seja em obras de literatura, seja em obras de ciências sociais.

Observe que a escola passou a fazer parte da sua vida desde tenra infância e, provavelmente, da maior parte das pessoas do seu convívio. Essa presença tão constante na sua vida, na vida das pessoas com quem você convive e nas discussões públicas sobre os projetos para o futuro fez com que a escola passasse a ser vista como coisa do mundo natural, e não como uma criação histórica da vida em sociedade. Parece ser tão natural o fato de alguém entrar na escola, estudar e fazer provas, ser aprovado, reprovado, alguns seguirem adiante e outros a abandonarem logo de início, que nem nos propomos a tarefa de perguntar: por que é assim? Sempre foi assim? Continuará sendo assim?

Observe também que, ultimamente, a escola tem sido tomada por sinônimo de educação e, de modo geral, as pessoas que apostam na educação como fator de reconstrução social apostam é na escola. Observe, ainda, que tem sido muito comum associar países desenvolvidos ao investimento em educação, do mesmo modo que tem sido comum culpar o nosso atraso pela falta de educação, isto é, de escola. Mas qual escola? Que tipo de educação essa escola é capaz de garantir? O que devemos levar em conta quando entramos no cotidiano da escola? Que fatores extraescolares devem ser considerados quando queremos conhecer a escola? Será que todos os "educadores" educam? Não existem escolas que também deseducam? Mas o que é, afinal, educação?

Essas são perguntas que qualquer observador atento da relação entre escola e sociedade deve fazer. À medida que são feitas, vão deixando claro que uma coisa é a experiência pessoal e o modo particular que caracteriza o ponto de vista de cada um. Coisa diferente é tomar a escola e a educação como um dado da realidade, que independe da experiência individual ou do modo como cada qual constrói sua própria imagem delas. Constituem, pois, objetos de pesquisa e podem ser analisadas pelos métodos próprios das ciências sociais. Isso quer dizer que, para além das perguntas que todos fazem e das respostas que todos imaginam ter, aos educadores cabe a tarefa de aprofundar o debate e de elaborar um juízo mais consistente para elas. Se é legítimo que o cidadão emita uma opinião sobre educação e escola, é legítimo também que se reivindique dos educadores mais que opiniões e, sim, argumentos consistentes que deem sustentação a elas.

Por isso, este é um livro destinado a todos aqueles que desejam ampliar sua visão acerca de educação e escola. Mas é destinado, sobretudo, a futuros professores, pois se parte aqui do pressuposto de que não é suficiente conhecer os conteúdos daquilo que se ensina. É preciso conhecer os motivos pelos quais se ensina, os fundamentos que dão sustentação a exigências cada vez maiores em matéria de educação e ensino e os sistemas nos quais os processos de ensino-aprendizagem se efetivam. É preciso conhecer os dilemas, os paradoxos, os fatores objetivos e subjetivos que definem professores e alunos como sujeitos socioculturais, as possibilidades e os limites da escola, o papel dos profissionais do ensino como mediadores culturais na escola, a própria escola como local da disputa de hegemonia no campo da cultura. É preciso tomar, pois, a própria escola como objeto de estudo.

Em outras palavras, isso quer dizer que da mesma forma que vamos à escola para estudar os elementos do mundo natural, sejam eles fenômenos físicos, químicos ou biológicos, compostos orgânicos ou inorgânicos (Ciências Naturais); da mesma forma que vamos à escola para estudar o modo como os seres humanos ocuparam o espaço ao longo do tempo (História, Geografia); da mesma forma que vamos à escola para estudar o modo pelo qual a humanidade foi adquirindo a capacidade de decodificar os elementos da natureza e os expressar pela linguagem (Matemática, Línguas, Filosofia); enfim, da mesma forma que nos acostumamos a associar a escola a um lugar onde se estudam os fatores que compõem o mundo natural, as sociedades humanas e a relação entre eles, assim, também, é a própria instituição de ensino que será tomada como objeto de investigação.

Essa investigação pode ser feita por diversas óticas: pelo modo como a escola e o ensino são organizados ao longo do tempo (História da Educação); pelo modo como autores engenhosos imaginaram novos modos de educar (História das Ideias Pedagógicas); pelo modo como os processos de escolarização se relacionam com a produção de bens materiais (Economia da Educação); pelo modo como, ao longo do tempo, se constrói uma imagem de ser humano e de sociedade e se pensam os meios para formá-los (Filosofia da Educação); pelo modo como se estabelecem relações específicas entre educação e estrutura social ou pelo modo como se constituem sistemas de ensino (Sociologia da Educação); pelo modo como os sistemas de ensino se constituem como política de Estado (Política Educacional), entre diversas outras.

***

Tudo isso mostra que o avanço das ciências sociais ampliou formidavelmente as possibilidades de entendimento das relações entre escola e sociedade. Mas mostra, também, que o volume de informações a que estamos expostos pode confundir mais do que ajudar a entender o mundo em que vivemos. Desde já fica claro, portanto, que além do acesso às informações e da sua transformação em conhecimento, é importante fazer desse conhecimento um instrumento para bem orientar a conduta. Essa é uma importante lição deixada pelo sociólogo norte-americano Charles Wright Mills.

Escrevendo em meados do século XX, Wright Mills fez um diagnóstico avassalador da moderna sociedade norte-americana e, por extensão, de todas as sociedades que se organizavam em conformidade com aquele modelo. Mesmo considerando que ele escreveu no auge da Guerra Fria, seu diagnóstico continua ecoando nos nossos ouvidos como advertência sobre um futuro incerto. O ponto central da sua argumentação é que a rapidez das transformações e o modo como elas afetam inevitavelmente a vida das pessoas nos submetem a um terrível sentimento de ameaça e de encurralamento. "E quanto mais consciência têm, mesmo vagamente, das ambições e ameaças que transcendem seus cenários imediatos, mais encurralados parecem sentir-se", diz ele. Sob o domínio da terceira fase da Revolução Industrial, os homens modernos sentiam-se atordoados não pela ausência que havia justificado esforço heróico na luta de tantos pelo fim da escassez, mas pelo excesso que desorientava multidões em relação a um sentido para a vida. Em *A imaginação sociológica*, publicado pela primeira vez em 1959, ele diz:

> A história que atinge todo homem, hoje, é a história mundial. Dentro deste cenário e deste período, no curso de uma única geração, um sexto da humanidade passou

COLEÇÃO BIBLIOTECA UNIVERSITÁRIA

de tudo o que era feudal e atrasado para tudo o que é moderno, avançado, terrível. As colônias políticas estão libertadas; instalaram-se novas formas de imperialismos, menos evidentes. Ocorrem revoluções; os homens sentem de perto a pressão de novos tipos de autoridade. Surgem sociedades totalitárias, e são esmagadas desfazendo-se em pedaços – ou obtêm êxito fabuloso. Depois de dois séculos de ascendência, o capitalismo é visto apenas como um processo de transformar a sociedade num aparato industrial. Depois de dois séculos de esperanças, até mesmo a democracia formal está limitada a uma pequena parcela da humanidade. Em todo o mundo subdesenvolvido, os velhos modos de vida se rompem e esperanças antes vagas se transformam em exigências prementes. Em todo o mundo superdesenvolvido, os meios de autoridade e violência tornam-se totais no alcance e burocráticos na forma. A própria humanidade se desdobra hoje à nossa frente, concentrando cada supernação, em seu respectivo polo, seus esforços coordenados e maciços na preparação da Terceira Guerra Mundial (MILLS, 1982, p. 10).

Wright Mills continua desfiando um rol de fatores que caracterizam esse mundo em transformação e que submetem as pessoas que nele vivem a um terrível sentimento de pânico, aflição e angústia. Movendo-se entre o esgotamento de suas capacidades físicas e intelectuais e o êxtase de viver em uma sociedade inteiramente moderna, as pessoas que ainda sentem que há alguma possibilidade de controle de suas vidas se agarram à tentativa de acessar mais e mais informações. Mas, quanto mais informação elas conseguem, diz o autor, mais possuídas estão pela sensação de encurralamento. Diferentemente de outros autores para os quais não haveria saída possível para essa prisão, Wright Mills confia na possibilidade de fazer do bom uso da razão um exercício de imaginação criadora. Não por acaso, ele intitula o primeiro capítulo do seu livro de "A promessa". E a promessa é que as ciências sociais poderiam ajudar no desenvolvimento dessa imaginação, uma "imaginação sociológica". Diz ele:

Não é de informação que precisam – nesta Idade do Fato, a informação lhes domina com frequência a atenção e esmaga a capacidade de assimilá-la. Não é apenas da habilidade da razão que precisam – embora sua luta para conquistá-la com frequência lhes esgote a limitada energia moral. O que precisam, e o que sentem precisar, é uma qualidade de espírito que lhes ajude a usar a informação e a desenvolver a razão, a fim de perceber, com lucidez, o que está ocorrendo no mundo e o que pode estar acontecendo dentro deles mesmos. É essa qualidade, afirmo, que jornalistas e professores, artistas e públicos, cientistas e editores estão começando a esperar daquilo que poderemos chamar de imaginação sociológica (MILLS, 1982, p. 11).

Wright Mills destaca várias possibilidades para a imaginação sociológica. Ela possibilita ao seu possuidor compreender a relação entre a sua vida particular e a história – o cenário histórico mais amplo no qual se desenrola o processo civilizatório. Permite se situar como um indivíduo singular na relação com outras singularidades dentro de determinado período histórico e perceber as possibilidades que podem ser compartilhadas entre eles. Possuir imaginação sociológica é ser capaz de transitar de um lado a outro da relação entre indivíduo e sociedade e ser capaz de compreender tanto o lugar dos indivíduos como agentes na estrutura social quanto o que essa estrutura faz dos indivíduos.

A imaginação sociológica deve permitir a seu possuidor a capacidade de distinguir entre as "perturbações pessoais originadas no meio mais próximo" e as "questões públicas da estrutura social". As perturbações pessoais ocorrem dentro do universo particular dos indivíduos, isto é, das suas relações imediatas com os outros, do espaço social do imediatamente vivido, dos assuntos privados que mobilizam seus interesses. É algo como reconhecer os problemas da educação, mas achar que eles se resolverão quando os professores passarem a levar "coisas interessantes" para seus alunos. As questões públicas, pelo contrário, relacionam-se com fatores que transcendem esses ambientes locais dos indivíduos e a esfera de seus interesses privados. Os problemas da educação deixam de ser pensados simplesmente em termos de "coisas interessantes" que os professores devem levar para seus alunos e assumem o lugar de assunto público relevante que deve ser visto como questão a ser enfrentada, porque o que é interessante para alguns pode não ter a menor importância para outros.

Pensemos, a exemplo do autor, na relação entre grau de escolaridade e emprego. Quando alguns poucos indivíduos com diploma de nível superior não conseguem emprego na área para a qual se formaram, pode-se imaginar que foram afetados por perturbações de ordem pessoal: fizeram a escolha errada, desiludiram-se com a carreira, optaram por outro emprego, etc. Mas quando, numa determinada sociedade, um alto percentual de diplomados não consegue emprego em determinada área, "isso é uma questão pública, e não podemos esperar sua solução dentro da escala de oportunidades abertas às pessoas individualmente. A estrutura mesma das oportunidades entrou em colapso" (MILLS, 1982, p. 15). O mesmo acontece na relação entre "o problema pessoal da guerra" e as "questões estruturais da guerra"; entre as perturbações pessoais no casamento e o aumento da taxa de divórcio; entre as soluções particulares encontradas no ambiente das cidades – cercas elétricas, muros e segurança privada – e as grandes questões públicas que caracterizam a violência urbana.

Entre as grandes questões públicas identificadas por Wright Mills estão a inquietação e a indiferença. A primeira se expressa como crise, decorrente da ameaça que significa viver em um mundo no qual, como disse Marx, "tudo que é sólido desmancha no ar", expressão recuperada por Marshall Berman para intitular brilhante ensaio sobre a aventura da modernidade, como será visto adiante. A segunda se expressa como apatia, decorrente do distanciamento das pessoas em relação aos valores ameaçados. A principal tarefa intelectual e política do cientista social, diz Wright Mills, é explicitar os elementos constitutivos da indiferença e da inquietação contemporâneas. Essa é uma tarefa para as ciências sociais, que estão se "transformando no denominador comum de nosso período cultural", do mesmo modo que a imaginação sociológica está se transformando "na qualidade intelectual que mais necessitamos" (MILLS, 1982, p. 20).

A imaginação sociológica é, pois, uma qualidade intelectual que precisa ser construída, desenvolvida, lapidada. Do mesmo modo que o artesão constrói sua obra de arte a partir da matéria bruta, assim também o trabalhador-pensador dos nossos dias deverá modelar seu artesanato intelectual. Wright Mills termina seu livro com sugestões práticas sobre como organizar o trabalho intelectual de modo que ele seja, de fato, proveitoso para aqueles que se ocupam dele. Não antes de passar em revista a contribuição dos clássicos do pensamento social, a matriz fundamental sobre a qual se assentam todos os esforços daqueles que, no século XX, a exemplo de Wright Mills, tentaram trazer à luz esse entendimento entre história social e biografia individual e as relações entre ambas.

***

Este é um livro de Introdução à Sociologia da Educação. Como todo livro introdutório, seu propósito é iniciar o assunto, apontar caminhos, sugerir possibilidades de leitura. Ele é destinado especialmente aos alunos dos cursos de licenciatura. Porém, será bastante gratificante se ele puder ser útil também a alunos dos cursos de pós-graduação em Educação, sobretudo, aqueles que vêm de cursos de graduação nos quais não tiveram a oportunidade de tomar a educação como objeto de análise. Se, como afirma Wright Mills, a imaginação sociológica é essa qualidade intelectual que jornalistas e professores, artistas e públicos, cientistas e editores precisam desenvolver, certamente valerá o esforço de se investir na modelagem do nosso artesanato intelectual.

Claro está que uma coisa é compreender os mecanismos de funcionamento de determinada realidade e outra, muito diferente, é atuar nela com o intuito de transformá-la, como tem sido sistematicamente reivindicado da Pedagogia moderna. Como veremos, a educação é um campo em conflito porque sua conformação expressa os conflitos sociais. A Sociologia da Educação não se arvora em estabelecer normas com validade universal, mas não se furta em apontar possibilidades de ação, mesmo reconhecendo que isso não necessariamente leva aos resultados desejados. Em analogia à imaginação sociológica reivindicada por Wright Mills, talvez seja possível pensar também numa "imaginação pedagógica" que, além de nos permitir um olhar mais apurado sobre as relações entre escola e sociedade, também nos permita uma melhor orientação da conduta, distinguindo o terreno cultivável que possa render melhores frutos no campo da prática pedagógica.

Ao leitor iniciante devo advertir que não se trata de tarefa fácil. Vivemos num mundo de muitos apelos à simplificação e ao descartável. Com o advento e a popularização da televisão e da internet, as informações nos chegam até mesmo quando não desejamos ter acesso a muitas delas. Em meados do século XX, numa época em que a televisão era apenas uma promessa e o computador tal qual conhecemos sequer existia, Theodor Adorno e Max Horkheimer foram precisos na crítica aos meios de comunicação de massa. Para eles, "a enxurrada de informações precisas e diversões assépticas desperta e idiotiza as pessoas ao mesmo tempo" (ADORNO; HORKHEIMER, 1985, p. 15). Por isso mesmo, torna-se necessário um criterioso exercício de julgamento não necessariamente daquilo que é interessante aos olhos de cada um, mas daquilo que é relevante do ponto de vista sociológico, como questão pública que merece investigação. E essa é uma aprendizagem que somente o tempo é capaz de nos permitir. A modelagem do artesanato intelectual supõe necessariamente amadurecimento.

Claro está que não basta dar tempo ao tempo. Isso nossos avós já faziam, independentemente da escola. A aprendizagem reivindicada nos nossos dias exige exercício disciplinado do pensamento, organização metódica das ideias e rigorosos procedimentos de estudo. Pensar a relação entre escola e sociedade hoje exige olhar para um fenômeno que se expande em duas direções: uma, no sentido de abarcar um número cada vez maior de pessoas, como a celebrada universalização do ensino fundamental realizada no Brasil ao se encerrar o século XX e a reivindicação atual de que universalize toda a educação básica. Outra, no sentido de captar a expansão da escola tanto no nível superior – graduação, mestrado, doutorado – quanto em direção ao atendimento às crianças da primeira infância, isto é, de zero a cinco anos.

Outro elemento relevante desse exercício é pensar o movimento da história e as exigências de educação escolar. Foi no século XIX que ela saiu do arbítrio individual e se tornou obrigação pública. Mas até meados do século XX bastavam quatro anos de escolarização para alguém ser considerado "formado" em nível básico. Os anos 1960 e 1970 marcaram a popularização do ginásio, com a expansão do ensino fundamental para oito anos. A partir da LDBEN 9394/96, a "educação básica" passou a ser definida como aquela a ser garantida de zero a 17 anos, portanto um contínuo entre educação infantil, fundamental e ensino médio. As transformações cada vez mais vertiginosas no sistema produtivo passaram a exigir uma elevação geral no grau de escolarização e, presumivelmente, de formação humana, de qualificação para o trabalho e de exercício da cidadania.

Isso passou a exigir mais escolas para todos e mais estudo sistemático para aqueles que se ocupam de explicar esses processos sociais. André Petitat, em texto memorialístico intitulado *Itinerário de leituras de um sociólogo da educação* deixa o seu leitor desorientado diante da relação de autores lidos para tratar de cada assunto com que se ocupou. A certa altura do seu itinerário ele suspira e faz uma afirmação confortadora: "mais eu lia e mais aumentava a sensação de vertigem diante da minha ignorância" (Petitat, 1991, p. 135). Parece ser possível dizer que essa é uma maneira elegante de expressar o famoso dito popular que afirma que "quanto mais a gente aprende mais se dá conta de que não sabe nada". O conforto disso é perceber que o mundo se abre continuamente ao conhecimento e que reconhecer a própria ignorância é um gesto fundamental daqueles que pretendem efetivamente conhecê-lo.

O livro está organizado em duas partes, escritas num crescente grau de aprofundamento, tentando mostrar que os temas da educação podem ser lidos de diversas maneiras. Por vezes, esse exercício introdutório mapeia conceitos e temas, e mostra como autores diversos os abordaram ao longo do tempo. Por vezes, quando considerado relevante, é determinado autor que passa a ser analisado de modo mais sistemático, permitindo ao(à) leitor(a) uma chave de leitura, entre muitas possíveis. No conjunto, é a escola e sua relação com a estrutura social, no mundo moderno, que constituem objeto da exposição. Mais precisamente, o objetivo é entender como a escola foi se constituindo, ao longo do tempo, como uma instituição educadora à qual foi atribuída a tarefa de transformar o mundo e como os professores se constituem como mediadores culturais nesse processo.

Na primeira parte, "Começo de Conversa", o objetivo é aproximar o(a) leitor(a) do debate, apresentando alguns conceitos do campo, destacando-se *comunidade, sociedade, cultura, educação* e *escola*, bem como o significado de alguns termos correlatos. Como o próprio título indica, trata-se de um texto escrito em tom de conversa, cujo objetivo é apontar a especificidade da análise sociológica da educação. Na segunda parte, "Aprofundando o Debate", tenta-se trazer elementos que permitam uma leitura um pouco mais profunda que a genérica associação que o senso comum faz entre educação e modernidade, educação e cidadania, educação e mudança social. Todos dizem que a educação é o elemento-chave da tão desejada reconstrução social, mas quase todos se esquecem que ela é parte da sociedade e da cultura, nas quais está inserida, e que, portanto, ela é parte constitutiva dos problemas que tenta combater.

Desse enfrentamento desdobram-se experiências diversas, práticas pedagógicas em profusão, modos diferentes de educar e de reivindicar, cada qual, a seu modo, a legitimidade na tarefa

INTRODUÇÃO À SOCIOLOGIA DA EDUCAÇÃO

educativa. Quanto mais se desdobram essas experiências, mais difícil se torna falar *na educação*. É preciso falar, como sugere Carlos Rodrigues Brandão, em *educações* e tentar encontrar nelas algumas referências para se pensar o modo como, a cada dia, por diversos meios, sociedades diferentes se esforçam para bem formar as novas gerações.[1]

---

[1] Este livro recupera e sistematiza questões já discutidas em vários outros textos, como por exemplo:

SOUZA, J. V. A. Cultura, cidadania e direitos humanos. *Presença Pedagógica*, v. 2, n. 9, maio-jun. 1996, p. 38-45; SOUZA, J. V. A. Educação, modernidade, modernização e modernismo: crenças e descrenças no mundo moderno. *Educação & Sociedade*, v. 17, n. 57, p. 729-764, 1996; SOUZA, J. V. A. Uma leitura da educação à luz das teorias sociológicas de Émile Durkheim, Max Weber e Talcott Parsons: um ensaio de interpretação. *Educação em Revista*, v. 10, n. 20-25, p. 6-25, 1997; SOUZA, J. V. A. Gramsci, a disciplina e organização da cultura. *Educação em Revista*, v. 11, n. 29, p. 31-44, 1999; SOUZA, J. V. A. Notas sobre a cultura do nosso tempo: reflexões a partir de Gramsci e Adorno/Horkheimer. *Educação e Realidade*, v. 24, n. 2, p.175-202, 1999; SOUZA, J. V. A. Estrutura social e desempenho escolar. In: *Veredas*: formação superior de professores. Belo Horizonte: SEE/MG, 2002. v. 4, p. 103-130; SOUZA, J. V. A. Movimentos sociais e educação. In: *Veredas*: *formação de professores*. Belo Horizonte: SEE/MG, 2002. v. 4, p. 103-131; SOUZA, J. V. A. Política, educação e cidadania. In: *Veredas*: formação superior de professores. Belo Horizonte: SEE/MG, 2002. v. 1, p. 113-140; SOUZA, J. V. A. Sociedade, educação e Sociologia da Educação. In: *Veredas*: formação superior de professores. Belo Horizonte: SEE/MG, 2002. v. 1, p. 91-120. SOUZA, J. V. A. *Igreja, escola e comunidade*: *elementos para a história cultural do município de Turmalina*. Montes Claros: Ed. da UNIMONTES, 2005; SOUZA, J. V. A. *Sociedade, cultura, educação e escola*: *uma leitura introdutória*. Belo Horizonte: Ed. da UFMG, 2006.

PRIMEIRA PARTE
Começo de conversa

Primeiras aproximações

Este é um texto escrito especialmente para as pessoas que estão começando a fazer contato com os conceitos do campo da Sociologia da Educação. Trata-se de um começo de conversa. Como o pressuposto deste livro é o de que é impossível entender educação e escola fora da cultura e da sociedade nas quais estão inseridas, começaremos essa conversa tentando esclarecer alguns desses conceitos.

Isso não tem nada de trivial, uma vez que vamos falar de conceitos que, apesar de amplamente usados no nosso cotidiano, se referem a realidades muito complexas. Não só a realidade é complexa, como vem de longa data a tentativa de se atingir um conhecimento cada vez mais profundo dela. Ao mesmo tempo em que é inevitável reconhecer a precariedade do conhecimento que temos da realidade e que muito do esforço explicativo se revela frágil e simplificado, é preciso reconhecer também que é necessário começar por algum ponto. Então, comecemos por alguns conceitos desse campo de conhecimento.

Não se trata de elaborar uma definição exaustiva (aqui entendida como o enunciado linguístico que nos permite distinguir clara e precisamente o significado de um conceito) para esses conceitos (aqui entendidos como representação mental dos diversos elementos constitutivos da realidade), o que se revelaria tarefa por demais cansativa e improdutiva para os propósitos apenas introdutórios deste texto. Trata-se apenas de lembrar que as palavras, até mesmo nas conversas informais, podem ser traiçoeiras. O que dizer, então, dos nossos debates, que têm por

COLEÇÃO BIBLIOTECA UNIVERSITÁRIA

objetivo avançar no conhecimento da realidade, se não buscamos a precisão conceitual? Uma coisa é observar como homens e mulheres de todos os lugares, em todos os tempos, viram-se forçados a nomear as coisas e produzir tipologias e classificações. Coisa diferente é elaborar conceitos e definições, que são produtos mais sofisticados do pensamento, expressão da capacidade humana de refletir e produzir conhecimento sobre o mundo que habitamos, o que é tarefa própria da atitude filosófica e científica.

É essa atitude filosófica e científica o ponto de partida desta reflexão. De tudo o que se atribui como tarefa da educação, nos nossos dias, uma das mais importantes é que ela deve levar os indivíduos a dominar os instrumentos da leitura e da escrita, posto que vivemos numa sociedade letrada. Mas de nada adianta levar os indivíduos a dominar esses instrumentos se eles não funcionarem como ferramentas para ler a realidade, o mundo em que vivemos. Todos os livros serão inúteis, toda ciência será estéril, toda filosofia será vã se a sua apropriação não passar de um ato mecânico de se submeter a formalidades pedagógicas. Portanto, o que se espera do exercício levado a efeito neste livro é que ele não apenas permita aos leitores o entendimento do que diversos autores escreveram sobre os temas aqui tratados, mas que permita uma iniciação à leitura sociológica da realidade à luz dessas formulações.

Vamos começar essa conversa, então, pelo exercício de compreensão da nossa realidade social. Levar adiante esse exercício é perguntar pelo significado de sociedade, de cultura e pelo modo como somos socializados, isto é, pelo modo como, pela educação, escolar ou não, tornamo-nos um membro da comunidade ou da sociedade. É perguntar pelo que nos distingue de outros seres vivos, que podem viver exemplarmente em sociedade, mas que não podem recriar intencionalmente o seu mundo porque não têm a potencialidade da cultura. É perguntar também pelo que nos faz tão desiguais nas sociedades humanas e tão diversificados culturalmente. É perguntar ainda pelo modo como cada sociedade e cada cultura organizam – ou tentam organizar – os meios necessários à formação das novas gerações.

24

Claro está que todos nós vivemos em sociedade e que muitos se reconhecem como membros de uma ou de várias comunidades. Pode-se dizer que uma das necessidades humanas mais fundamentais é a convivência social e que a vida humana é praticamente impossível fora da sociedade. Quando uma criança nasce, torna-se visível a sua fragilidade, o que exige cuidados especiais dos adultos que a cercam. Fora do convívio em sociedade, o indivíduo não se constitui um ser social, como muito bem retrata o filme *O enigma de Kaspar Hauser* ou as histórias relativas aos meninos-lobos. Claro está também que, desde quando nascemos, começamos a ser inseridos na vida em sociedade. A esse processo de inserção, de internalização dos modos de viver em cada sociedade particular, dá-se o nome de socialização, processo que se realiza pela educação.

Para começo de conversa vamos, então, discutir alguns dos conceitos-chave da Sociologia da Educação e caracterizar os ambientes aos quais eles se referem: comunidade, sociedade, cultura, educação e escola. Na sequência, voltaremos a esses conceitos tentando aprofundar o debate sobre a relação entre escola e sociedade no mundo moderno.

CAPÍTULO I

Comunidade

Esse é um dos conceitos sociológicos de mais difícil definição, "um dos conceitos mais vagos e evasivos em ciência social", nas palavras de Cris Shore. Segundo ele, "parte do problema tem origem na diversidade de sentidos atribuída à palavra e às conotações emotivas que ela geralmente evoca." Ela se tornou uma palavra-chave para designar modos muito diferentes de organização social "usada para descrever unidades sociais que variam de aldeias, conjuntos habitacionais e vizinhanças locais até grupos étnicos, nações e organizações internacionais". Em um sentido mais geral, a comunidade "indica um grupo de pessoas dentro de uma área geográfica limitada que interagem dentro de instituições comuns e que possuem um senso comum de interdependência e integração". No entanto, ele chama a atenção, conjuntos de indivíduos convivendo ou interagindo dentro de um mesmo espaço não necessariamente fazem deles uma comunidade. "O que une uma comunidade não é a sua estrutura, mas um estado de espírito – um *sentimento* de comunidade" (SHORE, 1996, p. 115).

Esse sentimento de comunidade deriva de elementos os mais diversos. Ele pode indicar um conjunto de indivíduos agrupados em razão de fatores como origem, língua, etnia, crença religiosa ou identidade nacional e que têm em comum determinadas características que os distinguem de outros grupos que vivem contemporaneamente no mesmo meio. Ele pode indicar também um conjunto de indivíduos, entidades ou corporações, locais ou internacionais, ligados por interesses econômicos ou políticos comuns. Em ambos os casos, contudo, pode-se dizer que a ideia de comunidade traz implícita uma positividade, no sentido de

COLEÇÃO BIBLIOTECA UNIVERSITÁRIA

que seus membros, além do compartilhamento de um sentimento comum a todos, orientam esse sentimento em função de um projeto, seja a manutenção da unidade do grupo, seja a união em torno de interesses políticos, seja a reivindicação de benefícios sociais ou econômicos.

Em decorrência dessa dimensão subjetiva (*sentimento* de comunidade, orientação de interesses, ideia-força), Shore afirma que análises antropológicas mais recentes têm evitado a busca de uma definição precisa ou de "tentar formular um modelo estrutural de comunidade, concentrado-se em vez disso no *significado*". A comunidade é entendida, então, como uma "entidade simbólica, sem parâmetros fixos, pois existe em relação e oposição a outras comunidades observadas." Ela constitui um "sistema de valores e um código de moral que proporcionam a seus membros um senso de identidade." Esse sentimento de pertencimento a um grupo faz da comunidade, há muito tempo, um conceito-chave do pensamento político e religioso (SHORE, 1996, p. 116).

Mesmo que o conceito de comunidade remeta a questões de natureza econômica e política, é na esfera religiosa que ele adquire maior consistência. Por vezes é difícil distinguir nele o que há de dimensão política e o que é de natureza propriamente religiosa. Por vezes também a própria dimensão religiosa pode estar revestida de interesses econômicos, políticos, pedagógicos, e assim por diante. Mas podemos ter uma ideia aproximada do significado da comunidade, prestando atenção a um elemento muito recorrente, nos dias atuais, que consiste em apontar um suposto fortalecimento da educação quando a escola está integrada na comunidade. Pela dimensão de positividade que a ideia de comunidade evoca, fica claro, neste caso, que se trata de uma referência ao que ambas – escola e comunidade – deveriam ser, e não ao que elas efetivamente são.

O sentido original da palavra "comunidade" remete à própria ideia de religião, isto é, *religere*, ou estar ligado compactamente, ou ter em comum o mesmo sistema de crenças e valores. A comunidade, neste sentido, significa "grupo de pessoas que comungam uma mesma crença ou ideal" (PORTO; SCHLESINGER,

28

1995, p. 630). É nesse sentido que podemos falar de comunidades cristãs primitivas (comunidades que se reuniram em torno dos primeiros apóstolos cristãos), comunidade judaica (que indica que os judeus do mundo inteiro são um só povo), comunidade de fé (característica da Igreja segundo o espírito da sua fundação), comunidade religiosa (que significa grupo de religiosos pertencentes a um mesmo instituto, sob a autoridade de um superior), comunidade local (grupo de fiéis, de uma mesma localidade, que compartilham um mesmo sistema de crenças), comunidade regional, nacional ou mundial (todos os membros de uma mesma Igreja), comunidades eclesiais de base (novo modo de ser Igreja, na América Latina, a partir da segunda metade do século XX, assentada sobre as dimensões da experiência e do modo como os leigos as leem), entre muitas outras. O que unifica no mesmo conceito de comunidade experiências concretas tão distintas é o fato de todos compartilharem o sentimento de pertencer a uma comunidade, um sentimento carregado de positividade agregadora de todos os membros em torno de elementos comuns.

Comunidade e militância religiosa

Feita essa discussão mais geral sobre a comunidade, vamos nos concentrar agora num tipo particular de organização comunitária de forte presença no Brasil e na América Latina, nas últimas décadas, cuja positividade foi dirigida na tentativa de realizar uma mobilização social voltada para superar problemas sociais, econômicos, políticos e pedagógicos, cujos contornos mais amplos ainda estão exigindo ampla reflexão. Essa mobilização foi levada a efeito, sobretudo na segunda metade do século XX, pelas Comunidades Eclesiais de Base, as CEBs, que se firmaram em amplas áreas rurais e urbanas no contexto de afirmação de um novo modo de ser Igreja, conhecido como Teologia da Libertação.

A partir de então, além do sentido tradicional de comunidade como referência a um grupo de pessoas dentro de uma área geográfica, agrupamento humano por parentesco e vizinhança, agregação em torno de elementos religiosos, celebrativos e de confraternização, um código de moral e sistema de valores definidores de um senso de identidade, etc., a comunidade passou também a ser referência para a realização de planos e programas governamentais, organização para reivindicação de benefícios sociais e econômicos, associação para fins de mobilização política, entre outras referências.

Perguntar pelo significado desse tipo particular de organização comunitária é propor-se a dar uma resposta a uma questão não menos complexa que aquela que pergunta pelo significado da comunidade em geral. O que é essa comunidade que, no uso cotidiano do termo, aparece indistintamente como fator de identificação de um lugar geográfico, como premissa fundamental e condição necessária para a execução de planos e programas de organizações governamentais e não governamentais e ainda como entidade religiosa, Comunidade Eclesial de Base, ou entidade política voltada para a reivindicação de benefícios sociais e econômicos? O que é a comunidade que tem aparecido ora como uma simples referência a uma localidade, ora como expressão de uma coletividade mais ampla e, na maioria das vezes, como expressão de uma "ideia-força" capaz de sensibilizar, mobilizar e envolver as pessoas num projeto construtivo? O que é a comunidade tradicional, simples agrupamento de pessoas por afinidade de valores, por parentesco ou por pertencimento a um mesmo lugar geográfico, e a comunidade política, agrupamento de pessoas (ou organismos internacionais) com propósitos de intervenção na realidade?

Do conjunto de questões acima pode-se pensar numa resposta, mesmo que provisória, que identifica pelo menos três significados diferentes para as Comunidades Eclesiais de Base. O primeiro deles é o que vê a comunidade como espaço de pertencimento geográfico dos indivíduos. *De qual comunidade você é?* é uma pergunta corriqueira entre interlocutores que desejam conhecer a procedência um do outro. Apesar de indivíduos viverem e interagirem dentro de um mesmo espaço não configurar necessariamente uma comunidade, esse é o fator mais visível na identificação das comunidades locais. Elas identificam o lugar onde as pessoas vivem e expressam o forte caráter de múltiplas interações que caracterizam grupos de vizinhança e parentesco, tanto em áreas urbanas (paróquias, bairros) quanto rurais (grotas, sub-bacias hidrográficas).

O segundo significado é o de comunidade de fé ou comunidade religiosa que, como o próprio nome indica, remete à *religere*, ou religar compactamente num mesmo sistema de valores pessoas que compartilham uma mesma crença ou ideal. Como o fato de pertencer a um mesmo lugar geográfico não é suficiente para definir uma comunidade, faz-se necessário identificar, para cada localidade e para cada situação, os fatores que tornam possível o estabelecimento de laços de coesão social e, por consequência, o sentimento de pertencimento a uma comunidade.

Isso tem sido objeto de estudo principalmente da Antropologia, que pergunta pelo significado, pela dimensão simbólica, pelos códigos de natureza moral que permitem aos membros do grupo o compartilhamento de um senso de identidade. Do mesmo modo que a comunidade judaica se reúne em torno da sinagoga e a comunidade muçulmana, em torno da mesquita, a comunidade religiosa católica (do grego *katholikós*, que quer dizer universal) se organiza principalmente em torno da Igreja, que é a entidade moral que agrega os diversos conjuntos de fiéis cristãos. No Brasil e na América Latina, esse senso de identidade foi fortemente construído por um tipo particular de atuação da Igreja católica, através das Comunidades Eclesiais de Base.

Em excelente texto introdutório a um alentado estudo sobre catolicismo no Brasil, o antropólogo Pierre Sanchis chama a atenção para o fato de que a comunidade como "realidade social efetiva" não existe. O que existe é a "ideia" de comunidade no imbricamento da Igreja com o processo social, inegavelmente um fator de grande importância, posto que a comunidade pode se configurar como instrumento de mudança social. Segundo ele, "tanto nas lutas pela terra como nas reivindicações urbanas de cidadania coletiva e muito claramente na constituição e vivência das CEBs, tal conceito, carregado de valor, orienta efetivamente a ação social, cumprindo o papel motor de uma utopia" (SANCHIS, 1992, p. 35).

Estudando também as CEBs, Carmem Cinira de Macedo explicita melhor esse raciocínio. Segundo essa autora, percebemos que a ideia de comunidade informa um ideal a ser perseguido, cujos resultados dependem dos instrumentos dos quais os agentes podem se utilizar na sua tarefa construtiva. E isso varia de comunidade para comunidade, o que as diferencia não apenas quanto à capacidade de mobilização de seus membros, mas, e principalmente, quanto à capacidade de enfrentamento dos problemas surgidos. Por um lado, diz ela, embora tenha essa pretensão, "a comunidade eclesial não consegue abarcar a totalidade da vida das pessoas". Por outro lado, mesmo entre os que se reconhecem como parte da comunidade, "apenas um pequeno número de pessoas chega a participar mais intensa e rotineiramente da vida comunitária" (MACEDO, 1992, p. 228-229).

Essa dimensão participativa na vida comunitária é discutida por Carlos Rodrigues Brandão, para quem "conviver" é diferente de "participar". Segundo ele, ainda que possa parecer arbitrário, é necessário separar a *convivência* da *participação*, independentemente da intencionalidade política que possa existir explícita nesta, mas não confessada ou não significativa naquela.

Os espaços sociais de *convivência* são aqueles em que o motivo fundamental da associação de pessoas é a pura partilha da companhia e a fruição gratuita e prazerosa das situações que ela cria. Neles, o princípio de necessidade ou a intenção de serviço, de trabalho, submetem-se ao desejo da gratuidade e fruição do tempo sem a intenção produtiva.

Já os espaços sociais de *participação* são aqueles em que, ao contrário, o fundamento da afiliação, imposta ou voluntária, submete a experiência gratuita da convivência à necessidade ou à vocação de produzir bens, serviços ou significados. Essa produção se dá através de um tipo de trabalho coletivo de cujos efeitos resulta a própria atribuição do sentido do grupo e da identidade de seus participantes (BRANDÃO, 1992, p 128).

Um terceiro significado do termo é o de comunidade política, isto é, povo unido reivindicando benefícios sociais ou econômicos. A dimensão da participação, tal qual apontada no

INTRODUÇÃO À SOCIOLOGIA DA EDUCAÇÃO

parágrafo anterior, foi um componente importante da mobilização popular na luta contra a pobreza, a exclusão e a exploração. Trata-se de questão complexa, que terá apenas seus contornos mais gerais indicados aqui. Mas não podemos perder de vista o fato de que não é possível compreender a história do Brasil da segunda metade do século XX passando ao largo do papel que essa mobilização comunitária inspirada pelo elemento religioso exerceu na luta política. Boa parte do chamado novo sindicalismo urbano e rural que se consolidou nessa época não somente teve origem em Comunidades Eclesiais de Base, como continuou por muito tempo tendo nelas um forte ancoradouro. Não só sindicatos, mas movimentos sociais e partidos políticos de forte expressão nacional tiveram aí a sua origem. Mesmo fragmentados em múltiplos sujeitos, com divergentes interesses sociais e políticos, não deixaram de expressar, por diversos momentos, um ideal de luta política pela igualdade social.

Isso deixa claro, entretanto, que a comunidade política não age de modo tão "comunitário" assim. Por um lado, porque os ideais da organização comunitária não se sustentam apenas no discurso, por melhores que sejam as ideias. A "ideia" de comunidade, como povo unido reivindicando benefícios, encontra na realidade concreta os elementos constitutivos das suas fissuras internas.

Desdobram-se, assim, vertentes que expressam distintos interesses e demandas. Há as demandas propriamente religiosas, de caráter mais transcendental, as demandas propriamente políticas, de caráter mobilizador, e as demandas por benefícios sociais, de caráter provedor, ainda que nem todos os participantes tenham clareza dessas especificidades. Por vezes, as diferenças começam a ser percebidas na sua perspectiva de classe ou, quando menos, como categorias específicas e diferenciadas de sujeitos portadores de interesses distintos e conflituosos.

Voltemos, então, às palavras de Cris Shore, citadas no início deste texto, para observar que o "senso comum de interdependência e integração" ou o "sentimento de comunidade" podem ser muito frágeis quando confrontados com a realidade concreta, contraditória e atravessada por interesses divergentes. A princípio, reivindica-se que os membros da comunidade tenham iniciativas, pensem juntos e lutem unidos para mudar a realidade. Sem superiores ou inferiores, numa comunidade de iguais, procuram uma resposta eficaz para a solução dos problemas da localidade compreendida, por sua vez, como uma totalidade. Referem-se, portanto, à dimensão do *projeto* e do *planejamento racional* que visa à modificação de uma realidade mais abrangente, isto é, sem levar em conta as demandas e os interesses particulares.

Contudo, esse sentimento de comunidade enfrenta seus dilemas, suas contradições. E é aí que se dão os limites da própria noção de comunidade. Esses conflitos podem se estabelecer entre diferentes interesses e projetos pessoais, entre diferentes segmentos sociais no interior de uma mesma localidade, entre os agentes religiosos entre si ou ainda entre a instituição religiosa e os diferentes projetos políticos que perpassam a estrutura social.

Não raramente, evidenciam-se esses conflitos quando, por exemplo, se afirma que não cabe à Igreja se meter em questões de natureza política. Segundo Leila Amaral, ao estudar uma comunidade rural no Nordeste de Minas Gerais, "no lugar da criação de um mundo de iguais ('todo mundo igualado'), vê-se o surgimento de uma nova hierarquia com a formação de uma 'elite intelectual' que se distingue e se separa de uma maioria que se considera 'despreparada'" (AMARAL, 1988, p. 494).

No limite, pode-se dizer que o próprio conflito é educativo, à medida que suscita o debate, ou que a aprendizagem se dá no enfrentamento das situações concretas que a vida oferece ou impõe. Nesse movimento da história, diz Leila, a população experimenta modificações e inovações significativas no seu estoque simbólico, num movimento nunca linear, em que o antigo e o novo não se anulam reciprocamente, mas se interagem produzindo algo diferente, isto é, uma nova cultura.

A análise dessa nova cultura, entretanto, deve ser feita à luz das relações sociais que ultrapassam as fronteiras da comunidade e atingem a sociedade como um todo. É para a análise da sociedade e, na sequência, da cultura que nos voltaremos agora.

CAPÍTULO II..

Sociedade

Do mesmo modo que comunidade, a palavra sociedade é de uso corriqueiro e também neste texto ela já foi usada várias vezes. Mas o que é a sociedade?

Ao iniciar seu livro *A sociedade dos indivíduos*, Norbert Elias afirma que

> [...] todos sabem o que se pretende dizer quando se usa a palavra "sociedade", ou pelo menos todos pensam saber. A palavra é passada de uma pessoa para outra como uma moeda cujo valor fosse conhecido e cujo conteúdo já não precisasse ser testado. Quando uma pessoa diz "sociedade" e outra a escuta, elas se entendem sem dificuldade. Mas será que realmente nos entendemos? (ELIAS, 1994, p. 13).

Para responder a essa pergunta, Norbert Elias começa por uma discussão aparentemente banal para, em seguida, construir uma sofisticada argumentação sobre a relação entre os indivíduos e a sociedade. Segundo ele, a sociedade "somos todos nós; é uma porção de pessoas juntas." No entanto, diz ele, uma porção de pessoas juntas em diferentes países ou em épocas diferentes forma sociedades muito distintas. Além disso, apesar de cada sociedade consistir em um conjunto de indivíduos, "é claro que a mudança de uma forma de vida em comum para outra não foi planejada por nenhum desses indivíduos". Que operação une os indivíduos à sociedade e que fatores produziram sociedades humanas tão diferentes e tão desiguais ao longo da história?

Respostas diferentes foram dadas a essas questões. E cada resposta exigiu não apenas um exame metódico, como deixou claro que sociedades diferentes têm problemas específicos a serem abordados, o que revela a grande complexidade na abordagem do tema. A complexidade da vida social foi sendo percebida sobretudo a partir do século XIX, o que fez emergir uma ciência social – a Sociologia – para tentar explicá-la. Logo adiante, serão apresentados alguns dos autores que se dedicaram originalmente a esse estudo. Antes, porém, serão apontados alguns dos aspectos que caracterizaram a *questão social* que fez emergir a Sociologia como ciência da sociedade.[2]

Mesmo que tomemos como referência uma cidade do interior ou uma região rural qualquer do território brasileiro é inevitável que ela seja identificada como parte da sociedade capitalista. As populações indígenas, salvo pouquíssimas exceções, já foram afetadas por esse tipo de organização social. Na verdade, a sociedade capitalista começou a se formar no período identificado pela História como Idade Moderna (século XVI ao XVIII) e se consolidou nos dois séculos seguintes a ponto de predominar em todo o mundo, hoje. É por isso que falamos em globalização ou mundialização, cujas características atuais expressam a expansão do modo capitalista de produção para todas as fronteiras do globo, levando consigo um modo particular de organizar a vida em sociedade.

A emergência e a consolidação da sociedade capitalista, inicialmente restrita à Europa, implicaram mudanças profundas no modo de vida das pessoas. Entre os fatores trazidos pela consolidação do capitalismo, podemos apontar: novo modo de organizar a produção e a circulação de mercadorias (um mercado moderno); novo modo de organizar o poder e a regulação da vida social (um Estado moderno); nova organização social (novas classes sociais derivadas do moderno modo de produção econômica); novo modo de entender o mundo natural, os homens e as relações entre eles (conhecimento científico moderno); nova concepção de direitos, deveres e acesso a bens e serviços (um Direito moderno). Tudo isso foi se aprofundando e se radicalizando

---

[2] Há uma enorme quantidade de manuais de Sociologia que tratam dessa questão. Cf. Sánches, 2001; Giddens, 1990; Cohn, 1977; Cuin e Gresle, 1994; Ianni, 1989.

no ambiente urbano para onde milhões de pessoas passaram a se deslocar. Constituiu-se, enfim, uma nova sociedade – a sociedade moderna – que não apenas se consolidava na Europa, mas também se expandia para todo o mundo e exigia nova explicação do seu funcionamento. Significava, como em outros tempos e lugares, as mesmas porções de pessoas vivendo juntas, mas a condição humana que caracterizava essa sociedade moderna era inteiramente outra.

Entre todos os fatores relevantes que caracterizam essa nova sociedade, um particularmente se destaca: é o modo como se organiza o trabalho e a produção de mercadorias que passou a predominar a partir de então. Partindo de um raciocínio bem simples, podemos dizer que existem duas formas básicas de organização do trabalho. Uma delas diz respeito ao modo como o trabalho é dividido na sociedade e a ela geralmente nos referimos como *divisão social do trabalho*. A outra diz respeito ao modo como uma atividade produtiva é divida em tarefas específicas. Daí, o uso da expressão *divisão técnica do trabalho*.

A primeira é própria de todas as sociedades. Por mais elementar que seja o trabalho, sempre sua execução implicará uma divisão por sexo, por idade, por setor de produção, por distribuição espacial da população entre campo e cidade, etc. Já a segunda é própria das sociedades capitalistas, aliás, a principal fonte das mudanças verificadas no mundo moderno. A divisão técnica se refere ao modo como o trabalho é dividido no interior da empresa ou ao modo como a fabricação de um produto é dividida em etapas, cada qual sob a responsabilidade de um trabalhador especializado.

Em outras palavras, enquanto a divisão social do trabalho expressa a maneira como ele é dividido na sociedade, a divisão técnica do trabalho expressa a maneira como uma atividade produtiva particular é dividida, tanto na fábrica quanto na escola. E era essa a principal novidade que precisava ser explicada porque o mundo do trabalho passou a ser visto como fundante de todas as outras relações sociais. Associado à explicação de como o trabalho estava dividido nessa nova sociedade estava o entendimento de como se organizava também o saber. Foi esse o desafio enfrentado pela nova ciência – a Sociologia – e por uma de suas variantes – a Sociologia da Educação.

Trata-se de atividade desafiadora explicar os mecanismos de funcionamento dessa nova sociedade. A Sociologia foi se constituindo e construindo métodos de análise que se sustentavam em critérios científicos de validação do conhecimento produzido. Vários foram os autores que produziram interpretações originais sobre esse funcionamento. À medida que ela foi se desenvolvendo, foi, também, se diversificando, isto é, os sociólogos foram percebendo que questões sociais distintas exigiam abordagens específicas. Ao longo do tempo, a Sociologia foi se subdividindo em Sociologia Urbana, Sociologia Rural, Sociologia da Cultura, Sociologia do Trabalho, Sociologia da Religião, Sociologia do Conhecimento, Sociologia da Arte, Sociologia do Esporte, Sociologia da Saúde, Sociologia da Burocracia, Sociologia da Educação, etc. É desta última que vamos tratar aqui. Mas ela também pode ser subdividida em Sociologia do Currículo, Sociologia da Sala de Aula, Sociologia das Relações Família e Escola, Sociologia dos Sujeitos Escolares, o que expressa, sobretudo a partir da segunda metade do século XX, a explosão do objeto de estudo da Sociologia da Educação.

Pode-se dizer, genericamente, então, que a Sociologia é a ciência que estuda as questões sociais próprias do mundo moderno e que a Sociologia da Educação é o ramo da Sociologia que estuda as formas como a educação, escolar ou não, acontece nessa sociedade. Em outras palavras, a Sociologia é a ciência que estuda as relações entre os indivíduos e as sociedades humanas e os mecanismos de funcionamento – ou não – das instituições sociais, enquanto a Sociologia da Educação é o ramo da Sociologia que estuda os modos como essas sociedades formam as novas gerações. Com a formação de sistemas de ensino, no século XIX, e sua universalização, ao longo do século XX, a Sociologia da Educação passou a estudar sistematicamente os mecanismos de funcionamento das instituições escolares e o modo como essas instituições se relacionam com a estrutura social.

Entre os vários autores que se dedicaram à análise da sociedade moderna, três são considerados clássicos do pensamento sociológico e merecem ser destacados aqui: Karl Marx, Max Weber e Émile Durkheim. Esses autores são considerados clássicos por terem elaborado *análises sociológicas* fundamentais para o entendimento da constituição da vida em sociedade. Eles produziram suas análises no final do século XIX e no início do século XX, quando, então, se consolidava a sociedade capitalista. Cada um deles elaborou uma explicação diferente. No entanto, no conjunto, essas análises trouxeram contribuições fundamentais ao entendimento do mundo moderno. Suas ideias foram amplamente debatidas e, a partir de então, outros autores, ao longo do século XX, elaboraram novas teorias explicativas da vida social. Entender a explicação deles é fundamental para entender as explicações contemporâneas, porque todos os grandes autores contemporâneos tiveram que dialogar com os clássicos.

A sociedade vista por Karl Marx

Karl Marx nasceu em 1818, na Alemanha, e morreu em 1883, na Inglaterra, onde viveu a maior parte da sua vida. Foi, portanto, contemporâneo da segunda fase da revolução industrial, momento de consolidação do modo de produção capitalista. Embora não tenha sido o primeiro a escrever sobre a sociedade capitalista, foi, certamente, quem mais influência exerceu nas análises críticas posteriores. Como observador atento dos problemas do seu tempo, Marx elaborou uma teoria geral do capitalismo, que estava acima das fronteiras disciplinares que se constituíam naquela época. Sua análise foi, ao mesmo tempo, filosófica, econômica, histórica e sociológica. E o que caracterizou toda a sua obra foi o esforço de compreender o mundo do trabalho e uma profunda análise crítica do capitalismo. Como Marx via a sociedade capitalista? E o que ele criticava nela?

Marx dizia que o modo de produção capitalista havia desenvolvido uma extraordinária capacidade de produzir mercadorias. Nenhum outro tempo foi mais eficiente e em nenhum outro momento da história os homens foram tão capazes de usar sua capacidade física e intelectual para realizar trabalho. As forças produtivas do capitalismo eram de tal modo revolucionárias que tendiam a superar todos os outros modos de produção, expandindo-se para o mundo todo. Quanto mais elas se expandiam, mais o capitalismo transformava tudo em mercadoria, convertendo o mundo num grande mercado. A sociedade capitalista é uma sociedade de mercado. Mas o que isso quer dizer?

Mercado é palavra corrente do nosso vocabulário, usada geralmente para designar lugar onde se faz a feira. Seja numa cidade grande, média ou pequena, ele é um lugar concreto, fervilhante, visível, no qual as pessoas vão trocar seu produto por outro produto, vender seu produto para comprar outro, vender seu produto para acumular algum dinheiro ou, simplesmente, comprar algum produto, fruir seu tempo livre na companhia de alguém, observar o modo de vida que ali se constitui. Esse tipo de mercado existe desde os tempos antigos. Inicialmente, as pessoas trocavam sempre produto por produto, numa modalidade de troca conhecida por escambo. Como foi ficando cada vez mais difícil realizar trocas de produtos cada vez mais diferentes, com o tempo, foi desenvolvido um eficiente mecanismo para facilitar essas trocas. Foi criado o dinheiro. Isso quer dizer que o dinheiro passou a ser o equivalente geral de trocas.

No entanto, existe um outro mercado mais amplo, genérico, invisível. É o mercado capitalista. Apesar de se sustentar em trocas concretas, esse é um mercado de difícil apreensão, porque não se limita a um lugar específico e vai se tornando, com o tempo, cada vez mais complexo. Mercadorias produzidas na China são vendidas, legal ou ilegalmente, em todas as partes do mundo. Veículos são montados em um país com peças fabricadas em outros a partir de tecnologias desenvolvidas em outros países. Empresas captam dinheiro no mercado vendendo suas ações na Bolsa de Valores, os bancos emprestam dinheiro para investimento na atividade produtiva ou para ampliar o crédito direto ao consumidor, as taxas de juros são aumentadas pelos governos como forma de conter o consumo, os lucros tanto podem ser reinvestidos ou simplesmente remetidos para a matriz, empresas são deslocadas para lugares onde o valor dos salários é menor, etc.

Esse tipo de mercado, um mercado capitalista mundial, ganhou forma naquele longo período que a História identifica como Idade Moderna, isto é, do século XVI ao XVIII, e se consolidou nos dois séculos seguintes. A Idade Moderna foi a época das grandes navegações, dos grandes descobrimentos, da incorporação das Américas ao Velho Mundo, das revoluções filosóficas, científicas e tecnológicas (telescópio, microscópio), das mudanças nas relações de trabalho, da formação dos Estados Nacionais modernos e das chamadas Revoluções Burguesas, entre elas a Independência norte-americana (1776) e a Revolução Francesa (1789-1798). Além disso, não se pode esquecer da Revolução Industrial que, uma vez desencadeada em meados do século XVIII, continua revolucionando o modo de vida nos dias atuais.

Marx chama de acumulação primitiva de capital esse período inicial da formação do capitalismo. Trata-se de um longo período de transição do modo de produção feudal ao capitalista. "A ordem econômica capitalista saiu das entranhas da ordem econômica feudal. A dissolução de uma produziu os elementos constitutivos da outra" (MARX, 1981, p. 15). A origem do modo de produção capitalista está intimamente ligada ao processo de expropriação dos camponeses. Por um lado, transformou a propriedade coletiva da terra em propriedade privada para fins de produção de matéria-prima para o nascente processo de industrialização. "Transformar as terras de cultivo em pastos, tal foi seu grito de guerra" (MARX, 1981, p. 22). Por outro, liberou os servos para vender sua força de trabalho nessas indústrias. "Dos servos da Idade Média nasceram os burgueses livres das primeiras cidades" (MARX; ENGELS, 1977c, p. 22). O resultado foi um processo violento. "O capital veio ao mundo suando sangue e lama por todos os poros" (MARX, 1981, p. 113).

Ao operar essas transformações no modo de produção, o novo sistema trouxe consigo uma nova relação de classes. Saem da cena histórica os senhores e os servos e entram burgueses e proletários. No *Manifesto Comunista* Marx e Engels destacam, como nenhum outro autor burguês, o histórico papel revolucionário exercido pela burguesia nessa transição. Dizem eles:

COLEÇÃO BIBLIOTECA UNIVERSITÁRIA

A burguesia desempenhou na história um papel eminentemente revolucionário. [...] A burguesia só pode existir com a condição de revolucionar incessantemente os instrumentos de produção e, com isso, todas as relações sociais. [...] A burguesia submeteu o campo à cidade. Criou grandes centros urbanos: aumentou prodigiosamente a população das cidades em relação à dos campos e, com isso, arrancou uma grande parte da população do embrutecimento da vida rural (MARX; ENGELS, 1977c, p. 23-25).

Com a consolidação do capitalismo, no século XIX, porém, a miséria dos trabalhadores foi ficando cada vez mais evidente. A industrialização e a urbanização promoveram transformações profundas no modo de vida de grandes parcelas da população, mas a maioria não pôde se beneficiar do fabuloso progresso que, então, se alcançava. Marx analisou profundamente as contradições do capitalismo, denunciou a situação de desigualdade social gerada por esse modo de produção e propôs um projeto de luta revolucionária para superar as contradições e as desigualdades que denunciava.

Quais eram as principais características dessa sociedade capitalista em formação, segundo Marx? É impossível resumir, em poucas palavras, a sofisticada elaboração que o autor de *O Capital* fez da sociedade capitalista. Mesmo reconhecendo que a sociedade é o produto da ação recíproca dos homens, o pressuposto básico da sua elaboração é que essa sociedade está dividida em classes sociais que têm interesses opostos (CF. STAVENHAGEN, 1977). Os proprietários dos meios de produção – máquinas, ferramentas, indústrias – têm interesse em preservar e ampliar a sua propriedade, enquanto os trabalhadores têm interesse em reivindicar benefícios como salário, diminuição da jornada de trabalho, melhores condições de vida e trabalho, etc. Mesmo havendo os camponeses e as classes médias, Marx afirmava que burguesia e proletariado formavam as duas classes fundamentais do capitalismo e que caberia a este último conduzir a luta revolucionária que deveria promover a emancipação humana e estabelecer a igualdade entre todos os homens.

Marx foi um dos autores que levaram adiante, com maior vigor, o pressuposto segundo o qual o homem é o sujeito da história. A interpretação religiosa segundo a qual o que diferencia os homens dos animais é o fato de que aqueles possuem uma alma espiritual foi convertida na interpretação segundo a qual essa diferença está é no fato de o homem realizar trabalho. Entretanto, não é qualquer trabalho, posto que o animal, seja por determinação da herança genética, seja por treinamento, também é capaz de realizá-lo. Numa das mais brilhantes passagens de *O Capital*, diz Marx:

> Uma aranha executa operações semelhantes às do tecelão, e a abelha supera mais de um arquiteto ao construir sua colmeia. Mas o que distingue o pior arquiteto da melhor abelha é que ele figura na mente sua construção antes de transformá-la em realidade. No fim do processo do trabalho aparece um resultado que já existia antes idealmente na imaginação do trabalhador (MARX, 1985, p. 202).

Apesar de não desprezar a escola em seu projeto construtivo, Marx atribuía à capacidade revolucionária do proletariado a edificação da nova ordem social. Nesse contexto, a nova escola de que essa nova ordem necessitaria, assim como seu novo educador, seriam produto necessário das novas relações em construção. Nessa concepção, trabalho material e trabalho intelectual deveriam ser instrumentos de um mesmo processo construtivo, ambos voltados não apenas para a formação do trabalhador, mas, e principalmente, para a formação do homem total.

O trabalho na ordem capitalista, entretanto, era fator de alienação do trabalhador. Marx foi um crítico contumaz da lógica da produção capitalista, de seus métodos e de seus processos. Uma das críticas mais acirradas por ele elaborada diz respeito à divisão técnica do trabalho e o disciplinamento mecânico que essa divisão impõe ao trabalhador. "O produtor passa a um simples apêndice da máquina e só se requer dele a operação mais simples, mais monótona, mais fácil de aprender" (MARX; ENGELS, 1977c, p. 27). Submetido à impositividade de uma rígida divisão do trabalho, o trabalhador perde a sua capacidade criadora, mecanizando-se através do ritmo repetitivo das atividades manuais e do bloqueio da sua inventividade. "O operário moderno, longe de se elevar com o progresso da indústria, desce cada vez mais abaixo das condições de sua própria classe" (MARX; ENGELS, 1977c, p. 30). Ao criticar o trabalho na sociedade burguesa, Marx não apenas apontava os limites que o sistema impunha à realização dos trabalhadores, como era rigoroso em apontar o definhamento do trabalhador, seu amesquinhamento, sua animalização. O trabalho, condição de libertação e afirmação do homem, como ser humano, nada mais fazia do que submetê-lo a uma condição de inferioridade. Alienado do processo de trabalho, o trabalhador não tinha qualquer controle sobre *o que* fazia e *como* fazia; alienado do produto, ele não tinha qualquer capacidade de apropriar-se *do que* produzia; em decorrência dessas formas de alienação, ele alienar-se-ia da sua própria condição humana, uma vez que trabalhar para reproduzir a espécie e as condições de reprodução da força de trabalho era próprio dos animais e não do homem livre (CF. MARX, 1978).

Ao analisar as relações de trabalho, Marx destaca três momentos fundamentais da sua organização: o artesanato, a manufatura e a grande indústria. Nas sociedades em que predomina a produção artesanal – uma sociedade pré-capitalista ou uma tribo indígena no interior da Amazônia ou, ainda, uma comunidade rural no interior do país –, a população vive praticamente em torno e em função da aldeia. É muito pequeno o grau de divisão do trabalho, em ambos os sentidos apontados anteriormente (divisão social e divisão técnica do trabalho). O artesão independente, que faz seus produtos para levar ao mercado, é o responsável pela fabricação deles. Ele prepara a matéria-prima, realiza todas as etapas da fabricação e comercializa o produto na feira.

Ainda que Marx não desejasse o retorno da produção ao artesanato e nem visse com bons olhos esse primitivo modo de produção, ele reconhecia no artesão alto grau de autonomia no trabalho. É ele quem decide o *que* fazer, o *quando* fazer e o *como* fazer. A educação, nesse caso, está ligada a procedimentos práticos e globais, uma vez que o aprendiz necessita aprender a dominar

INTRODUÇÃO À SOCIOLOGIA DA EDUCAÇÃO

todo o processo de produção, inclusive desenvolvendo novas ferramentas que porventura venha a utilizar na fabricação do seu produto. É muito valorizada a figura dos mais velhos ou dos mestres de ofício, que são os guardiões do conhecimento acumulado. Esse conhecimento, que é passado de geração a geração, refere-se tanto aos modos de fazer quanto aos valores, hábitos e costumes que são preservados pela tradição. Predomina, portanto, uma *educação informal*, isto é, que não tem um tempo determinado para se realizar ou um currículo específico para orientar a relação ensino-aprendizagem.

Entretanto, historicamente, à medida que mais artesãos vão fabricando mercadorias e os excedentes permitem ampliar as relações de comércio, mudanças sucessivas vão acontecendo no modo de produzir. Produtores enriquecidos pelo comércio se fixam nas cidades nascentes e, em vez de fazerem eles mesmos os produtos, passam a comprar as ferramentas, as matérias-primas, os cômodos onde possam trabalhar e a pagar um salário em troca do trabalho dos outros. Surge, dessa forma, o trabalho parcelado, especializado, assalariado, e os *burgueses* – habitantes dos burgos, cidades – começam a comprar a *força de trabalho* – capacidade física e intelectual – daqueles que não conseguem ter o seu próprio negócio. O trabalhador livre, vendendo sua força de trabalho no mercado, foi uma das condições fundamentais da existência do capitalismo.

O trabalho parcelado, em que cada trabalhador cuida apenas de uma etapa da fabricação do produto, é o elemento que constitui a divisão técnica do trabalho. A adoção em larga escala do trabalho parcelado revoluciona, verdadeiramente, a produção, uma vez que os trabalhadores se especializam na realização de apenas parte do processo produtivo. A educação começa a ser modificada, passando a ser exigida do trabalhador uma aprendizagem ligada às atividades específicas que ele vai realizar. Ainda que o aprendiz esteja ligado diretamente ao processo produtivo, sua educação passa a exigir o desenvolvimento de habilidades particulares e peculiares em função dessa nova organização do trabalho. Essa é a fase de predomínio da manufatura, isto é, trabalho feito a mão ou com a utilização de ferramentas simples. A escola começa a ser considerada importante lugar da educação, onde todos devem ir aprender a ler, escrever e contar.

A manufatura revolucionou a produção ao modificar a forma de produzir mercadorias, isto é, pelo parcelamento das tarefas e entrega de cada uma delas a um trabalhador especializado. Porém, nada se compara ao que estava por vir nos séculos seguintes, com a Revolução Industrial, que combinou a mudança no modo de produzir com a introdução da maquinaria na grande indústria. Em linhas gerais, o que caracteriza a grande indústria, além da divisão técnica do trabalho e o uso crescente da maquinaria, é a submissão do trabalhador à máquina e ao dono dos meios de produção. Marx faz uma severa crítica a essa divisão do trabalho porque ela não permite a todos os trabalhadores desenvolverem suas potencialidades. Ele atribuía grande importância tanto ao trabalho manual quanto ao trabalho intelectual. O grande problema, para ele, era que, na sociedade capitalista, aqueles que se ocupam do trabalho manual estão impedidos de se dedicarem ao trabalho intelectual.

Era necessário, portanto, superar as condições adversas que impediam os trabalhadores de refletirem sobre suas condições de existência. Para Marx, caberia ao proletariado a tarefa histórica de romper com o processo de expropriação dos trabalhadores e a exploração de uns pelos outros. Para Marx era claro que os homens fazem a história, ainda que nem sempre conscientes disso e apesar do peso das tradições. Segundo ele:

> Os homens fazem sua própria história, mas não a fazem como querem; não a fazem sob circunstâncias de sua escolha e sim sob aquelas com que se defrontam diretamente, ligadas e transmitidas pelo passado. A tradição de todas as gerações mortas oprime como um pesadelo o cérebro dos vivos (MARX, 1977a, p. 203).

Por isso mesmo, tornar o proletariado consciente dessa tarefa histórica era uma necessidade urgente, ainda que seus membros estivessem submetidos à mecanicidade do trabalho capitalista. E ele continua, no desfecho de *A Questão Judaica*:

A *emancipação da Alemanha* é a *emancipação do homem*. O *cérebro* desta emancipação é a *filosofia*; seu *coração*, o *proletariado*. A filosofia não pode se realizar sem a extinção do proletariado nem o proletariado pode ser abolido sem a realização da filosofia (MARX, s.d., 127).

O proletariado é portador da capacidade de emancipação humana porque é o elemento social que sofre universalmente, posto que todas as deficiências da sociedade se encerram nele. Sua emancipação é, pois, a emancipação de todos. Superando-se as relações contraditórias das quais emergem as manifestações ilusórias do pensamento, dentre elas o pensamento religioso, tais manifestações desapareceriam, uma vez que seriam mudadas as relações sociais sobre as quais se assentam. Pouco mais adiante, votaremos a essa conversa para falar mais especificamente sobre o modo como Marx via a educação.

A sociedade vista por Max Weber

Outro pensador que trouxe uma grande contribuição para se refletir sobre a sociedade foi Max Weber, que nasceu em 1864 e faleceu em 1920. Weber também era alemão e, assim como Marx, era economista, historiador e sociólogo. Todavia, além de uma concepção de sociedade muito diferente da de Marx, ele tinha uma expectativa muito diferente em relação às possibilidades humanas. Marx acreditava que o proletariado promoveria as transformações necessárias à superação das desigualdades sociais. Weber, pelo contrário, era bastante cético em relação a essas possibilidades porque, segundo ele, os conflitos são resultantes de interesses divergentes que nunca serão superados.

Apesar da escrita complexa, Weber é um autor que se preocupa em definir os conceitos com os quais trabalha. Em seu texto *Conceitos sociológicos fundamentais* (WEBER, 1995), como o próprio título indica, seu objetivo é esclarecer o significado dos principais conceitos da sua Sociologia, definida por ele como a "ciência que pretende entender pela interpretação a ação social para desta maneira explicá-la causalmente no seu desenvolvimento e nos seus efeitos" (WEBER, 1995, p. 400). Seu propósito é, portanto, interpretar a ação social. O objeto de análise sociológica não pode ser definido como a sociedade, a classe, o grupo social ou qualquer conceito que exprima a coletividade. Weber não nega o fato de a sociedade se constituir de fenômenos coletivos. Contudo, o ponto de partida da análise sociológica, do ponto de vista metodológico, é "individualista", isto é, só pode ser dado pela ação dos indivíduos.

Ação social e *relação social* são dois dos conceitos básicos com os quais Weber constrói sua definição de sociedade. Ação é todo comportamento humano em que os agentes o relacionem com um *sentido* subjetivo, isto é, expressão da própria vontade. Uma ação é social quando aquele que age o faz em função de um sentido previamente atribuído à sua relação com outro ou outros. O sentido dessa ação é estabelecido em função do significado que ela tem para o agente. A realidade social é uma tessitura infinita de coisas dotadas de sentido, uma *teia de significados* culturalmente construída pelos indivíduos em ação. Max Weber elaborou uma sociologia da ação social, demonstrando que a sociedade é o resultado das múltiplas interações de indivíduos num determinado meio.

Uma ação é social, repita-se, quando o indivíduo que a executa, orientando-se pelo comportamento de outros, lhe atribui um sentido subjetivamente visado. O caráter coletivo da ação social apresenta-se a partir do momento em que vários indivíduos agem significativamente de maneira análoga, isto é, como regularidade do comportamento. Quando diz que os agentes se orientam reciprocamente em conformidade com o conteúdo expresso nas diversas ações, Weber se refere às "relações sociais". Segundo as palavras de Gabriel Cohn, um dos mais conceituados intérpretes brasileiros da obra de Weber:

> É somente através do sentido que podemos apreender os nexos entre os diversos elos significativos de um processo particular de ação e reconstruir esse processo como uma unidade que não se desfaz numa poeira de atos isolados. Realizar isso é precisamente *compreender* o sentido da ação (COHN, 1986, p. 28).

Segundo Weber, os trabalhadores podem até agir de modo semelhante, visando a defender os mesmos interesses, quando, por exemplo, fundam um sindicato ou um partido. Nem todos os trabalhadores, porém, sindicalizam-se e nem todos os que se sindicalizam lutam pelos interesses da categoria, pois nem sempre os interesses em jogo têm o mesmo significado para todos. Portanto, esses trabalhadores agem de modo diferente porque as coisas têm significados diferentes para eles. Assim sendo, ainda que não sejam fatores excludentes entre si, enquanto alguns protestam por melhores salários, outros buscam conforto rezando numa igreja; enquanto uns vão qualificar-se melhor para o trabalho numa escola, outros vão para o clube se divertir com os amigos. Não havia, segundo Weber, nada que pudesse mover o proletariado a lutar pela transformação da realidade porque nunca haveria um sentido único a orientar as ações dos seus membros.

Weber identifica quatro tipos de ação social:

1) *Ação racional referente a fins.* É aquela "determinada por expectativas no comportamento tanto de objetos do mundo exterior como de outros homens, e, utilizando essas expectativas, como 'condições' ou 'meios' para o alcance de fins próprios racionalmente avaliados e perseguidos" (WEBER, 1995, p. 417). É a ação pensada, calculada, planejada, orientada, especificamente, por uma finalidade que se deseja atingir. Quando fazemos um projeto, apontamos os objetivos, os fins e as metas que pretendemos alcançar e os meios através dos quais essa finalidade deverá ser alcançada. Exemplos: o cálculo que cada um faz em relação às ações que terá que desenvolver para realizar-se profissionalmente; o plano de aula que o professor elabora, antes de ir para a sala, estabelecendo os objetivos a serem atingidos; o projeto de pesquisa que o pesquisador escreve antes de ir a campo realizá-la.

2) *Ação racional com relação a valores.* É a ação "determinada pela crença consciente no valor – interpretável como ético, estético, religioso ou de qualquer outra forma – próprio e absoluto de um determinado comportamento, considerado como tal, sem levar em consideração as possibilidades de êxito" (WEBER, 1995, p. 417). É uma ação também pensada, planejada, orientada. Por

isso, trata-se, ainda, de uma ação racional. Porém, quem age orientado pelos valores não está interessado em criar algo novo. Age em função de algo que é recorrente num determinado meio e em determinado momento, isto é, que está na moda. Exemplo: Vamos à loja e compramos não uma roupa qualquer, mas aquela que nos deixa em sintonia com os hábitos do vestuário naquele momento; adotamos a perspectiva construtivista não porque a conhecemos suficientemente bem para adotá-la como um recurso a mais na prática pedagógica, mas porque se tornou moda falar em construtivismo no ambiente pedagógico.

3) *Ação afetiva*, especialmente *emocional*. É a ação determinada por "afetos ou estados emocionais atuais", isto é, é a ação movida por um estado puramente emocional, seja demonstrando afeição, alegria, complacência, seja demonstrando tristeza, ódio, rancor, etc. Exemplos: Tanto os indivíduos que choram a perda de um ente querido ou um amor não correspondido quanto aqueles que vibram com o gol do seu time ou entram de gaiato no quebra-quebra no estádio agem movidos pela emoção.

4) *Ação tradicional*. É a ação determinada pelo valor da tradição, pelo costume arraigado, pelo hábito. Algo é tradicional num meio quando é repetido ao longo do tempo, com pouca ou nenhuma modificação. O costume é a regularidade do comportamento de uma coletividade de pessoas. O hábito é o costume transformado em exercício de fato assentado em um enraizamento duradouro. Exemplos: Um professor é tradicional quando não inova sua forma de trabalhar; alguém vai à missa ou ao culto não por atribuir-lhes um valor em si, mas porque não se sente bem por não fazer aquilo que todos fazem e que sua tradição religiosa exige.

Duas observações devem ser feitas a respeito da ação social. A primeira é que ainda que as ações sociais possam ser concretamente verificáveis, o resultado delas somente pode ser pensado como probabilidade. Há uma probabilidade de que nossos projetos se realizem; se não, não faríamos projetos. Entretanto, mesmo as ações racionais, bem planejadas, calculadas e orientadas podem resultar exatamente no oposto do que se desejava. A segunda é que uma mesma ação pode ser lida de modos diferentes quanto à caracterização acima. Por exemplo, alguém pode agir em conformidade com a moda ao comprar uma roupa, mas o seu objetivo final é apresentar-se com maiores chances de conquista diante de um(a) pretendente. Alguém pode realizar um ato de violência porque foi movido por um sentimento instantâneo de cólera ou pode calcular metodicamente os meios de realizar uma vingança. Ou pode, ainda, simplesmente agir à maneira tradicional porque reconhece nesse gesto maior eficácia que outras tentativas bem calculadas e reconhecidamente malsucedidas.

Em relação à divisão do trabalho, Weber é reconhecido como o teórico da burocracia. Não que ele a visse com bons olhos, uma vez que, já na época em que viveu, a burocracia apresentava os mesmos vícios que têm hoje. Porém, para Weber, é impossível organizar o trabalho em grandes empresas, nas repartições públicas ou nas grandes máquinas partidárias se não se entregar a profissionais especializados a realização de tarefas específicas. O problema, para ele, não está na divisão do trabalho em si, ou na hierarquização de funções, ou seja, o problema não está na burocracia em si. O problema está é nas condições em que se realiza o trabalho ou no modo como são recrutados os funcionários. No momento em que este texto está sendo escrito, há um amplo debate nacional sobre a proibição do nepotismo no Poder Judiciário, exatamente o Poder que deveria resguardar o princípio que estabelece que os funcionários públicos somente podem ser recrutados por concurso público.

Dessa forma, Weber é um autor que nos ajuda a entender o modo como se organiza o aparato institucional do Estado moderno. Seus estudos sobre o poder, por exemplo, trazem grande contribuição para entendermos como ele está distribuído na sociedade. Segundo Weber, poder á a capacidade que alguém (indivíduo ou grupo) tem de impor sua vontade sobre outros, mesmo contra resistências. Há uma probabilidade de que, numa relação de hierarquias, uns mandem, outros obedeçam. Mas por que uns mandam e outros obedecem?

Para responder a essa pergunta é preciso que consideremos a questão da distribuição do poder na sociedade. Se todos os indivíduos têm algum poder, de alguma forma, eles podem ser levados a estabelecer uma relação de mando em determinadas circunstâncias. E se todos têm o mesmo propósito de mandar, a luta pelo poder instaura um estado de guerra de todos contra todos, como dizia o filósofo inglês Thomas Hobbes. Mesmo sendo a sociedade perpassada de contradições e interesses opostos, somos levados a reconhecer que há esforços notáveis para fazer prevalecer um estado de paz e concórdia sobre o estado de guerra e conflito.

A principal pergunta a ser respondida, aqui, portanto, é: por que existe obediência a ordens dadas por terceiros? A resposta não é tão simples, mas pode-se responder inicialmente, que há obediência porque, em determinadas circunstâncias, alguém está investido de uma autoridade que é reconhecida e legitimada individual ou coletivamente. Weber chamou a essa legítima relação de mando de dominação. Segundo ele, poder e dominação são duas faces da mesma moeda. Se o poder é a capacidade que alguém tem de impor sua vontade sobre outros, a dominação é a probabilidade de que esses outros obedeçam às ordens dadas, isto é, esses outros aceitam e, por isso, legitimam as ordens dadas por alguém. Por isso, Weber fala em *dominação legítima*.

Às vezes Weber fala em dominação, às vezes em autoridade. Então, a dominação legítima está para a autoridade assim como a dominação ilegítima está para o autoritarismo. Essa é uma questão relevante à qual voltaremos adiante para falar da relação entre professores e alunos e da situação dos profissionais do ensino como mediadores culturais. Ao contrário do autoritarismo, que é imposição pura e simples, a autoridade é a capacidade de direção fundamentada no consenso, isto é, na aceitação. Cabe, agora, verificar qual é a base desse consenso. Em outras palavras, qual é o fundamento da legitimidade da dominação ou por que a dominação é legítima?

Segundo Weber, existem três "tipos puros" de dominação legítima: a tradicional, a carismática e a racional-legal. Vamos analisar cada uma delas, tentando verificar como elas podem ser reconhecidas no nosso cotidiano. Mais uma vez, é preciso reforçar: a dominação é legítima porque há a aceitação do poder de

INTRODUÇÃO À SOCIOLOGIA DA EDUCAÇÃO

mando de alguns sobre outros. Quando as bases da legitimidade se quebram, estabelecem-se novas lutas pela conquista ou pela manutenção do poder. Uma das questões mais discutidas sobre a escola atualmente é exatamente o estilhaçamento das bases da autoridade dos professores.

Nas palavras do próprio Weber, a *dominação tradicional* "é a que existe em virtude de crença na santidade das ordenações e dos poderes senhoriais de há muito tempo existentes" (WEBER, 1995, p. 351). Como o próprio nome indica, é um tipo de relação de mando que se assenta na tradição, assegurada por laços de fidelidade entre senhor e súditos. A história do Brasil é rica em exemplos desse tipo de dominação. Desde os tempos de colônia estabeleceu-se uma sociedade patriarcal centrada na figura do senhor de escravos e terras, que atendia geralmente pela alcunha de coronel. O coronelismo entrou em crise, mas ainda é forte a presença de influentes coronéis de norte a sul do país.

A *dominação carismática* se constitui "em virtude de devoção afetiva à pessoa do senhor e a seus dotes sobrenaturais (carisma) e, particularmente, a faculdades mágicas, revelações ou heroísmo, poder intelectual ou de oratória" (WEBER, 1995, p. 354). Ela é uma forma de exercício do poder típica dos momentos de crise, uma vez que descontentamento e desequilíbrio social podem desregulamentar as formas rotineiras de vida, desintegrando as instituições ou o poder de mando do chefe tradicional. Os momentos de crise são propícios para o surgimento de líderes carismáticos, porque eles são vistos como personagens extraordinários, portadores de qualidades sobrenaturais ou excepcionais. "O sempre novo, o extracotidiano, o inaudito e o arrebatamento emotivo que provocam, constituem aqui a fonte da devoção pessoal" (WEBER, 1995, p. 354).

Segundo o sociólogo inglês Anthony Giddens (GIDDENS, 1990, p. 223), o líder carismático pode se manifestar nos mais diferentes contextos sociais e históricos. As personalidades carismáticas tanto podem ser profetas religiosos ou líderes políticos (Cristo, Maomé, Napoleão), cujas ações influenciaram o curso da evolução de civilizações inteiras, como ainda toda espécie de demagogos que tenham obtido uma adesão temporária. A legitimidade da autoridade carismática se baseia sempre, e qualquer que seja o contexto em que esta tenha surgido, no fato de todos acreditarem na autenticidade da missão do líder.

Já a dominação *racional-legal* requer uma forma particular de autoridade. Ao contrário do caráter pessoal das relações de mando tradicional e carismático, na dominação racional-legal, o indivíduo que exerce esse tipo de autoridade o faz em nome de "regras impessoais" que foram conscientemente instituídas como produto de um debate coletivo. É racional porque tende a expressar o esforço coletivo de estabelecer, a partir de um cálculo, as normas às quais todos devem obedecer. E é legal porque essas normas são expressas em leis, questão que será abordada posteriormente.

Portanto, algo é legal quando se sustenta num regulamento ordenado por lei. É o império da legalidade. Seu contraponto é a ilegalidade. Algo é legítimo quando se sustenta na aceitação consentida das pessoas em determinado contexto. Seu contraponto é ilegitimidade. Quando as bases da legitimidade são rompidas, estabelecem-se lutas pelo poder, o que pode estabelecer novas relações de dominação ou um estado endemicamente beligerante.

A sociedade vista por Émile Durkheim

Se movermos a nossa atenção para o terceiro dos clássicos identificados anteriormente, vamos encontrar no francês Émile Durkheim (1858-1917) uma perspectiva inteiramente diferente de leitura da sociedade, tanto em relação a Marx quanto em relação a Weber.

Há divergências entre os intérpretes de Durkheim no que se refere ao enfoque que dão à interação dele com os fatos que marcaram o período em que viveu. José Albertino Rodrigues (RODRIGUES, 1990), por exemplo, acentua a influência dos episódios que envolveram a França no final do século XIX na formação intelectual de Durkheim, assim como o seu comprometimento com o sistema político-social da III República. Para Rodrigues, no entanto, a preocupação central de Durkheim é com a manutenção da ordem social.

Em outra perspectiva, Anthony Giddens (GIDDENS, 1990), acentua o caráter eminentemente acadêmico de suas formulações teóricas. Para Giddens, o interesse de Durkheim é menos pela manutenção da ordem e mais pelo entendimento da "natureza evolutiva da ordem", isto é, em que medida a ordem é possível na sociedade. Christian Baudelot, por sua vez, vê em Durkheim um militante do campo pedagógico. Para Baudelot, ao elaborar a sua Sociologia da Educação, Durkheim estava interessado numa teoria sociológica que permitisse aos educadores uma fundamentação que pudesse contribuir para a transformação do sistema de ensino e, por consequência, da sociedade. "Nossas investigações não merecem uma hora de esforço se não têm mais que um interesse especulativo" (DURKHEIM *apud* BAUDELOT, 1991, p. 30).

Parece não haver dúvida, contudo, de que há consenso entre os intérpretes de Durkheim quanto à sua preocupação central: verificar os mecanismos de funcionamento das diversas instituições sociais e as condições necessárias para que o sistema se mantenha em equilíbrio. Durkheim é essencialmente sociólogo, pai da Sociologia Geral e da Sociologia da Educação em particular. Para ele, a sociedade é o conjunto integrado de fatos sociais. E o que é fato social? É tudo aquilo que, no contexto das relações sociais, tem existência própria, independente das manifestações e juízos de valor individuais, e que exerce sobre os indivíduos uma coerção exterior. E como se manifesta essa coerção?

Quando nascemos, diz Durkheim, encontramos todo um sistema de crenças, normas e valores já constituído, ao qual devemos ser incorporados por meio da educação. Por isso, ele afirma que a sociedade exerce uma coerção sobre os indivíduos. A educação é uma das formas de exercício dessa coerção, porque toda atividade pedagógica supõe um esforço de permitir aos indivíduos internalizarem algo já constituído. A língua, as leis, as normas da convivência coletiva, diz Durkheim, precedem ao nascimento dos indivíduos, isto é, são anteriores e superiores a eles. É tarefa da educação permitir aos indivíduos a internalização dessas normas. Esse é um motivo que, como veremos, implicava uma crença nas instituições de ensino, uma vez que caberia a elas difundir valores que proporcionassem a coesão social numa sociedade cada vez mais diversificada.

Segundo Durkheim, a vida social não é outra coisa senão o meio moral ou o conjunto de meios morais que cercam o indivíduo. Por isso, ele afirmava que a "crise que as sociedades humanas estão a atravessar" não era de ordem econômica, não podendo ser resolvida por medidas econômicas, como pretendiam os socialistas. A crise é de ordem moral, dizia ele. O instrumento básico para evitar a desagregação social era a educação. A moral está estreitamente vinculada a ela como forma de socialização dos homens ou de internalização dos "traços constitutivos da consciência coletiva". Os meios morais são constituídos de ideias. Eles formam um "sistema de regras de ação que predeterminam a conduta" para evitar o distanciamento dos indivíduos face à ordem normativa, o que constitui o aspecto coercitivo da consciência coletiva, que exerce nas consciências individuais o que o meio físico exerce sobre os organismos vivos.

Deve-se observar que estamos falando de *coerção* social e *coesão* social, que são conceitos muito diferentes. Coerção ou coação é força, imposição, é manifestação de poder. O grau de intensidade da coerção é muito variável entre as sociedades e entre instituições de uma mesma sociedade. Até algum tempo atrás – talvez nem tanto tempo assim –, os professores exerciam essa coerção sobre os alunos com palmatória, vara de marmelo, cascudo e chicote. Esses instrumentos de punição foram banidos da escola e há uma ampla campanha para que sejam banidos também da educação doméstica. O próprio Durkheim era radicalmente contrário a esses castigos físicos, porque somente apelariam a eles aqueles que teriam perdido a autoridade moral.

A menos que sejamos muito permissivos, porém, tanto como pais quanto como professores, nós coagimos nossos filhos e nossos alunos a adotarem certas condutas que consideramos as mais adequadas seja em casa, na casa do vizinho, na rua ou na escola. Cobrando uma postura adequada ao entendimento das suas instruções o professor está exercendo uma coerção. Ninguém nasce disciplinado no exercício de ouvir, falar, ver, trabalhar, etc. Socializar a criança significa fazer com que ela incorpore determinados modos adequados à convivência em sua sociedade. Quando esses modos são internalizados, eles se transformam em hábito e a coerção deixa de ser sentida.

Há determinadas coerções que são relativamente universais, por exemplo aquelas expressas nos mandamentos do cristianismo, como amar a um só Deus, não matar, não roubar, etc. Diríamos que são coerções que a civilização estabelece como meio de conter as pulsões. Outras são localizadas e variam de sociedade para sociedade. São elas que definem os bons hábitos que devem ser cultivados, de acordo com os padrões de moralidade vigentes em cada sociedade. Na nossa sociedade, ser cortês, respeitoso e estudioso são hábitos geralmente muito valorizados mas ninguém nasce com eles. Eles constituem valores os quais entendemos que devem ser constituídos e difundidos pela educação. E todos nós, pais e/ou educadores, nos sentimos constrangidos quando não conseguimos realizar essa tarefa.

A coesão social, por outro lado, resulta dessas relações coercitivas. Enquanto a coerção está ligada ao conjunto de limites que as instituições sociais impõem aos indivíduos, regulando o comportamento de todos na sociedade, a coesão diz respeito aos laços de solidariedade social que ligam os indivíduos uns aos outros. Vamos discutir um pouco mais essa questão tomando como referência a divisão do trabalho apontada anteriormente.

Segundo Durkheim, a coerção é um instrumento fundamental para que haja coesão social, isto é, integração dos indivíduos à sociedade. Quando acham que podem agir sem obedecer aos regulamentos, as pessoas podem ser punidas pela transgressão. Há transgressões leves, que são necessárias ao próprio processo de mudança social ou que simplesmente expressam diferenças de comportamento. Há, no entanto, transgressões graves que podem ser consideradas crimes, cabendo a cada sociedade definir o que constitui crime e a pena que deve ser imposta ao criminoso. Segundo ele, a vida social é regulada pela solidariedade social, um conceito que não deve ser confundido com o do sentido atual da expressão "ser solidário", geralmente remetida a um ato generoso de ajuda aos mais necessitados. A solidariedade social é um fator de coesão social, que vai se diferenciando de acordo com o grau de divisão do trabalho.

Nas sociedades nas quais é baixo o grau de divisão do trabalho, os principais laços de coesão se baseiam numa solidariedade mecânica, isto é, no compartilhamento coletivo de valores e normas de conduta muito semelhantes. Pense numa tribo indígena que ainda não estabeleceu contato com outros povos. É muito baixo o grau de diferenciação entre os indivíduos. Todos os membros do grupo partilham um mesmo conjunto de crenças e sentimentos muito firmes e aceitos coletivamente. A educação, nesse caso, também é pouco variável, porque ela consiste em difundir sempre os mesmos padrões de comportamento, os mesmos valores e os mesmos hábitos. Além das semelhanças no modo de os indivíduos se comportarem, a mudança social é extremamente lenta nessas sociedades.

Dizendo de outro modo, nessas sociedades predomina a solidariedade mecânica porque há uma rigidez unitária dos padrões de cultura normativa. A tribo constitui uma unidade cultural porque seus membros professam os mesmos conjuntos de crenças e sentimentos e aqueles que ousam desafiá-los são severamente punidos pela transgressão. Como interpreta Giddens, neste caso, a sociedade é dominada pela existência de um conjunto de crenças e sentimentos muito firmes e aceitos por todos os membros do grupo, o que não permite grande diferenciação entre os indivíduos. Cada indivíduo é um microcosmo do todo, há uma moral essencialmente coercitiva e repressiva que força o indivíduo ao enquadramento social, predominando aí o direito repressivo (Cf. Giddens, 1990, p. 120-122).

Porém, à medida que vai aumentando o grau de divisão do trabalho, o nível de diferenciação social aumenta progressivamente em decorrência da especialização de funções que os indivíduos têm que desempenhar. Essa é uma tendência das sociedades modernas, diz Durkheim, que consiste em produzir maior cooperação no trabalho. A cooperação resulta da divisão do trabalho, que passa a exigir indivíduos cada vez mais especializados para cumprir funções sociais cada vez mais específicas. À coesão que resulta desse tipo de cooperação Durkheim chama solidariedade orgânica, que exige aumento do grau de escolarização, cabendo à escola formar os trabalhadores adequados a essa divisão do trabalho.

Pode-se dizer, então, interpretando Giddens, que a dinâmica social muda a relação do indivíduo com a sociedade e que a substituição progressiva da lei repressiva pela lei reparadora é uma tendência que se correlaciona com o grau de desenvolvimento de uma sociedade, isto é, quanto mais elevado for o estágio de diferenciação social, maior será a proporção de leis reparadoras na estrutura jurídica dessa sociedade. O predomínio do direito restitutivo sobre o direito repressivo nas sociedades modernas correlaciona-se às tentativas de restabelecimento da unidade orgânica da sociedade toda vez que, por algum motivo, houver algum desequilíbrio nas ordenações morais.

Essas ordenações morais são reguladas juridicamente de forma a permitir à sociedade política o controle sobre a tendência cada vez maior de diferenciação social. Essa diferenciação é condição mesma para a interdependência funcional, uma vez que aos indivíduos agrupados em instituições e às instituições agrupadas entre si cabe a realização de funções muito bem definidas pela sociedade. Citando Giddens:

> A solidariedade não deriva aqui simplesmente da aceitação de um conjunto de crenças e sentimentos comuns, mas sim de uma interdependência funcional na divisão do trabalho. Quando é a solidariedade mecânica que está na base da coesão social, a *consciência coletiva* "envolve completamente" a consciência individual, tornando os indivíduos idênticos. A solidariedade orgânica, pelo contrário, pressupõe não a identidade, mas antes a *diferença* entre os indivíduos nas suas crenças e ações. O desenvolvimento da solidariedade orgânica e a expansão da divisão do trabalho correlacionam-se pois com a acentuação do individualismo (GIDDENS, 1990, p. 123).

A sociedade não é vista pelo mesmo ângulo nos dois casos, diz Durkheim, que faz a sua defesa pelo tipo orgânico. Mas há que se observar, também, que não há lugar para uma confusão muito comum provocada por uma interpretação desatenta desses conceitos, que consiste em identificar a solidariedade mecânica com as sociedades primitivas e a solidariedade orgânica com as sociedades modernas. Trata-se de um equívoco. Na realidade, o que há é apenas uma preponderância de um ou outro tipo de coesão, de acordo com a densidade da divisão do trabalho nessas sociedades. É o próprio Durkheim quem não deixa margem a dúvidas. Diz ele:

> No primeiro [solidariedade mecânica] o que se designa por este nome é um conjunto mais ou menos organizado de crenças e de sentimentos comuns a todos os membros do grupo: é o tipo coletivo. Pelo contrário, a sociedade de que somos solidários no segundo caso é um sistema de funções diferentes e especiais que ligam relações definidas. Estas duas sociedades não constituem, aliás, senão uma. São duas faces de uma única e mesma realidade, mas que não exigem menos ser distinguidas (DURKHEIM, 1989, p. 150)

Temos aqui, portanto, um ponto de vista radicalmente distinto do de Marx e do de Weber no que se refere à divisão do trabalho na sociedade. Ao contrário desses autores, que analisam a sociedade sob a perspectiva da contradição de classes e do conflito de interesses, Durkheim centra-se na questão do consenso, perguntando como a ordem e a estabilidade social são possíveis e como a educação deverá estar a seu serviço. Além de teórico, ele tentou realizar, na prática, as suas ideias e criou a disciplina Sociologia da Educação, que ministrou, por muitos anos, em diversos cursos de formação de professores na França. Além de propor uma definição de educação, ele analisou, entusiasticamente, o lugar dela na conformação de relações sociais estáveis e duradouras. Mais adiante voltaremos a essa questão para analisar a centralidade que a instituição escolar adquiriu no mundo moderno, um mundo cada vez caracterizado pela divisão do trabalho, e como esses autores analisaram a relação entre escola e sociedade.

Aproximações e distanciamentos entre esses três autores

Quais são as comparações possíveis entre esses autores? Em sua aula inaugural para estudantes de Ciências Sociais da Universidade de São Paulo, em 1989, Octavio Ianni (IANNI, 1989) não apenas mapeia as transformações que fizeram emergir a Sociologia como ciência, mas situa nesse mapa os autores e as questões com as quais se defrontaram por toda a vida. Segundo Ianni, por mais diferentes que tenham sido esses autores, suas abordagens podem ser sintetizadas em três grandes vertentes explicativas: totalidade dialética, produção de sentido e causação funcional. A cada uma delas corresponde a obra clássica desses três autores consagrados nos estudos sociológicos, respectivamente, Karl Marx, Max Weber e Émile Durkheim.

A totalidade dialética de Marx expressa um modo particular pelo qual ele analisava a sociedade. Por essa ótica, a realidade é percebida como uma totalidade relacional, conflituosa e contraditória, princípio fundamental de todo o movimento da história. Em Durkheim, a causação funcional também expressa um modo de ver a realidade como uma totalidade. Porém, é uma totalidade que expressa uma interdependência funcional, em que cada parte "funciona" para que o todo se mantenha em equilíbrio. Em vez da contradição e do conflito, Durkheim analisa a organicidade e o consenso. Ao contrário da totalidade dialética de Marx e da interdependência funcional de Durkheim, em Weber o elemento fundamental para a análise sociológica é a conexão de sentido, isto é, a busca da compreensão do sentido que orienta o curso das ações num determinado contexto de relações sociais.

Marx analisava a sociedade, observando principalmente suas contradições e seus conflitos, manifestos nas lutas de classes, enquanto Durkheim analisava a sociedade observando principalmente o consenso, isto é, como é possível que a ordem e a integração nela existam. Marx era crítico severo da divisão técnica do trabalho porque via nela um impedimento para que os trabalhadores desenvolvessem todas as suas potencialidades. Durkheim justificava a divisão do trabalho como instrumento de cooperação e defendia que a educação consistia em desenvolver as aptidões individuais e permitir a formação de trabalhadores especializados. Marx era otimista em relação à sociedade e acreditava que a revolução do proletariado seria a única solução possível para o problema da desigualdade entre os homens. Durkheim também era otimista em relação à sociedade, porém acreditava que as mudanças desejadas seriam alcançadas pela educação, entendida como reforma moral.

Ao contrário de Marx, que centrava sua análise nas relações entre as classes sociais, e de Durkheim, que analisava a sociedade tomando-a como um conjunto integrado de fatos sociais (instituições), Weber analisava o significado das ações dos indivíduos. É uma postura metodológica radicalmente diferente, o que resulta numa explicação também diferente para as relações sociais. Os dois primeiros autores analisam a sociedade a partir da estrutura. No caso de Marx, a sociedade é estruturada numa divisão em classes, que estão em conflito em decorrência da relação de posse e não posse dos meios de produção. No caso de Durkheim, o que estrutura as sociedades são as instituições, e somente elas têm uma dinâmica própria que pode ser tomada como um fato social independente dos juízos de valor dos indivíduos. Em Weber também há o entendimento de que a sociedade vive sob conflito endêmico, com distribuição desigual do poder. Porém, isso não deriva das relações de propriedade, mas dos interesses divergentes que motivam as ações dos indivíduos. Ao contrário de Marx e Durkheim, que viam com entusiasmo o futuro da humanidade, Weber era bastante cético porque para ele as sociedades humanas são caracterizadas por uma infindável luta decorrente de interesses divergentes.

Feita essa rápida apresentação desses autores, resta dizer que o que une todos eles é o interesse em dar uma resposta à "questão social" que emergiu na Europa com a passagem do modo de produção feudal ao capitalista. Essa passagem durou um longo período, pelo menos três séculos, e foi caracterizada por várias revoluções que produziram profundas transformações em todos os planos da existência. No plano econômico, a Revolução

Industrial ampliou as condições de produção da manufatura ao introduzir a maquinaria e instalar a grande indústria. No plano demográfico, o crescimento populacional e a intensa urbanização deslocaram o eixo da vida social do campo para as cidades. No plano político, a Revolução Francesa instaurou um novo modo de organizar o poder, trazendo a lume as ideias modernas de cidadania, democracia, direitos, etc. No plano social, sobretudo a partir do século XIX, tudo isso desencadeou a "questão social" que fez emergir a Sociologia como ciência da sociedade.

No plano educacional houve, também, uma revolução. A partir de então, a escola passou a ser reivindicada para a educação do povo. A educação, cada vez mais associada à escola, passou a ser vista como um direito do cidadão e um dever do Estado. Aqui, fala-se de *educação formal*, isto é, trata-se de concentrar o ensino de conteúdos específicos, organizados num currículo, num tempo determinado, sequencial, com avaliações, notas, aprovações, reprovações, certificados e diplomas para aqueles que completam determinadas etapas de escolarização. O novo modo de produção passou a exigir trabalhadores cada vez mais qualificados para a realização de tarefas cada vez mais específicas. A Sociologia emergiu como uma ciência voltada para a tentativa de compreender a natureza dessas transformações. Mas ela pretendia, também, trazer uma resposta aos problemas apresentados. A Sociologia da Educação deveria identificar os problemas relativos às instituições de ensino e encontrar uma solução para esses problemas.

CAPÍTULO III

Cultura

Feita a discussão inicial sobre comunidade e sociedade e apresentados os três autores clássicos da Sociologia, vamos agora discutir os outros três temas propostos para essa primeira parte: cultura, educação e escola.

A questão cultural

Da mesma forma que a *questão social* fez emergir a Sociologia como ciência da sociedade, pode-se dizer, também, que há uma *questão cultural* que se constitui objeto de estudo da Antropologia e/ou da Sociologia da Cultura. É difícil estabelecer uma fronteira nítida entre esses dois campos do conhecimento, mas é possível dizer que enquanto a Antropologia trata da constituição dos sistemas simbólicos próprios de cada sociedade e dos códigos morais que permitem aos membros da comunidade o compartilhamento de um senso de identidade, a Sociologia da Cultura trata dos modos através dos quais esses sistemas simbólicos e esses códigos morais circulam entre sociedades diferentes ou dentro de uma mesma sociedade. Essa é uma questão relevante, porque, apesar de não ser tratado aqui especificamente do primeiro caso, é preciso entender o que é a cultura para tornar possível a análise dos modos pelos quais os professores atuam como mediadores culturais nas escolas.

Mas o que é a cultura? Segundo a filósofa Marilena Chaui, o termo cultura deriva do latim *colere* e se referia originalmente ao cuidado com a terra, as plantas e os animais (agricultura, silvicultura, bovinocultura); por extensão, referia-se, também, ao cuidado com as crianças e a sua socialização (puericultura); era, ainda, expressão da adoração aos deuses (culto), termo que passou a designar o indivíduo de espírito cultivado (CHAUI, 1994, p. 11). A partir do final do século XVIII, o cultivo do espírito transformou-se no ideal de cultura da Ilustração. Cabia à escola e aos mestres a tarefa de ilustrar os indivíduos, isto é, desenvolver neles as luzes da razão, como veremos mais adiante.

Isso é importante, mas não é suficiente. Em um livro intitulado *Interpretação das Culturas*, Clifford Geertz (GEERTZ, 1989, p. 14) afirma que a dificuldade que esse tema apresenta não se liga ao fato de não existir um conceito apropriado, mas sim ao fato de existirem muitos. Ele cita o antropólogo Clyde Kluckhohn, que, em um livro intitulado *Um espelho para o homem,* definiu o termo cultura de onze maneiras diferentes. Depois de fazer uma ampla discussão do tema e de suas definições, Geertz afirma que, por haver tantas, é preciso escolher. E escolhe uma definição sustentada em Weber para quem a cultura é uma teia de significados construída pelos próprios homens em ação.

Mas isso ainda diz pouco. Segundo outro autor, Roque de Barros Laraia, em um livro intitulado *Cultura, um conceito antropológico,* "no final do século XVIII e no princípio do seguinte, o termo germânico *Kultur* era utilizado para simbolizar todos os aspectos espirituais de uma comunidade, enquanto a palavra francesa *Civilization* referia-se principalmente às realizações materiais de um povo" (LARAIA, 2002, p. 25). Esses termos, diz ele, foram sintetizados pelo antropólogo inglês Edward Tylor no vocábulo *Culture,* que "tomado em seu sentido etnográfico, é este todo complexo que inclui conhecimentos, crenças, arte, moral, leis, costumes ou qualquer outra capacidade ou hábitos adquiridos pelo homem como membro de uma sociedade" (TYLOR *apud* LARAIA, 2002, p. 25). Com essa definição, Tylor atribuía ao termo cultura duas de suas características básicas: ela diz respeito a todas as possibilidades de realização humana e é algo que somente existe como expressão da aprendizagem pela educação.

Em outras palavras, pode-se dizer que a cultura é, ao mesmo tempo, expressão da capacidade humana de criar, no plano material e no simbólico, de recriar historicamente sua própria criação e de transmiti-la às novas gerações através da educação. Se podemos dizer que os animais vivem em sociedade, inclusive com sofisticados sistemas de organização, não se pode dizer o mesmo em relação à cultura, que é um atributo puramente humano. O modo como os animais vivem em sociedade é derivado única e exclusivamente dos condicionantes biológicos da espécie, transmitidos hereditariamente às novas gerações. O modo como os humanos vivem em sociedade é derivado dos condicionantes biológicos que os definem como espécie (*Homo sapiens*), mas é sobretudo resultado da capacidade exclusivamente humana de produzir as normas que regulam a sua convivência (segundo o antropólogo Lévi-Strauss) ou de gerar símbolos que expressem significado (segundo o antropólogo Leslie White) (LARAIA, 2002, p. 54-55).

Quando se constituiu ao final do século XIX, contemporaneamente à Sociologia, a Antropologia se distinguia dela pela pergunta fundamental que pretendia responder. Enquanto a Sociologia pretendia dar uma resposta à questão social que emergiu na Europa pós-Revolução Industrial e, com isso, permitir entender o que se passava dentro de suas próprias fronteiras, a Antropologia pretendia dar uma resposta à questão da descoberta do "outro", isto é, do não europeu. Enquanto os sociólogos se perguntavam sobre "quem somos nós?", os antropólogos perguntavam "quem são os outros?".

É em decorrência desse tipo de questionamento que se formou uma imagem, que durou muito tempo, da Antropologia como ciência dos povos primitivos e da Sociologia como ciência das sociedades modernas. Mas mesmo que os antropólogos se ocupem especialmente dos povos pré-modernos, eles não estão exclusivamente lá. Há uma antropologia das sociedades contemporâneas que estuda o "outro" que está no meio de "nós", como as tribos urbanas, as minorias, os "diferentes". Do mesmo modo, há sociólogos que se ocupam do estudo de sociedades tradicionais, incorporadas ou não à dinâmica do mundo moderno-contemporâneo.

COLEÇÃO BIBLIOTECA UNIVERSITÁRIA

De fato, durante as primeiras décadas de existência, a Antropologia se constituiu numa perspectiva evolucionista, imaginando que, em nome da igualdade, seria necessário que os povos ditos primitivos evoluíssem ao estágio alcançado pelos povos civilizados, isto é, os próprios europeus. Apesar da amplitude de abordagens evolucionistas, pode-se dizer que o que as unificava era, segundo Laraia:

> A ideia de que a cultura desenvolve-se de maneira uniforme, de tal forma que era de se esperar que cada sociedade percorresse as etapas que já tinham sido percorridas pelas "sociedades mais avançadas". Desta maneira era fácil estabelecer uma escala evolutiva que não deixava de ser um processo discriminatório, através do qual as diferentes sociedades humanas eram classificadas hierarquicamente, com nítida vantagem para as culturas europeias. Etnocentrismo e ciência marchavam então de mãos juntas (LARAIA, 2002, p. 34).

Essa visão etnocêntrica, isto é, que tinha a própria cultura europeia como referência, como centro, perdurou até as primeiras décadas do século XX. Essa visão de uma cultura europeia superior foi associada a um ideal de educação que consistia em difundir para além das fronteiras europeias sua própria cultura como se fosse a única portadora de valor e, assim, merecer os esforços de uma organização escolar realizá-la. A isso se dá o nome difusionismo cultural, isto é, o entendimento de que a tarefa da educação é difundir a cultura "superior" como modo de realizar a evolução cultural. Foi a partir das primeiras décadas do século XX que alguns antropólogos começaram a contestar essa visão de cultura e de difusão cultural.

Um deles foi o próprio Émile Durkheim – ah, sim, Durkheim era também antropólogo! –, que questionava severamente as ideias evolucionistas de autores com quem dialogou, como Auguste Comte e Herbert Spencer. Conforme veremos mais detalhadamente ao final deste livro, Comte havia elaborado uma teoria geral da evolução da humanidade, que chamou de Lei dos Três Estados. A Spencer credita-se a tentativa de trazer para a análise das sociedades humanas o que Darwin havia proposto para o estudo da evolução das espécies (RIBEIRO JR, 1985; GALBRAIGHT, 1986; CARVER, 1996). Mas foi o polonês Bronislaw Malinowski, que viveu na Inglaterra e fez pesquisa na Melanésia, um dos que mais contribuíram para essa mudança de concepção. Ele publicou, em 1922, *Os Argonautas do Pacífico Ocidental,* um livro que foi um marco da nova Antropologia. Na apresentação de Malinowski para a Coleção *Os Pensadores*, Eunice Durham afirma que:

> Com *Os Argonautas,* desfaz-se definitivamente a visão das sociedades tribais como fósseis vivos do passado do homem, equivalentes humanos das peças de museu, aglomerados de crenças e costumes irracionais e desconexos. Os costumes e as crenças de um povo exótico adquirem agora plenitude de significado e o comportamento nativo aparece como ação coerente e integrada. A etnografia adquire a capacidade de reconstruir e transmitir uma experiência de vida diversa da nossa, mas nem por isso menos rica, ou menos humana (DURHAM, 1984, p. VII).

Juntamente com Malinowski, outro autor que deu grande contribuição para o rompimento decisivo da Antropologia com seu passado evolucionista foi o alemão Franz Boas. Boas viveu a maior parte da sua vida nos Estados Unidos e ajudou a formar toda uma geração de antropólogos. Ele desenvolveu uma teoria conhecida como particularismo histórico, ou ainda Escola Cultural Americana, que difundiu uma postura analítica conhecida como relativismo cultural. Segundo essa perspectiva de análise, diz Laraia, "cada cultura segue os seus próprios caminhos em função dos diferentes eventos históricos que enfrentou. A partir daí a explicação evolucionista da cultura só tem sentido quando ocorre em termos de uma abordagem multilinear" (LARAIA, 2002, p. 36). É esse relativismo cultural que se apresenta hoje como fundamento do debate que reivindica o direito à diferença e a luta pelo reconhecimento da diversidade cultural.

Observe, então, que a sociedade humana é o lugar onde a cultura habita. Essa cultura se expressa pelos diversos níveis de conhecimento próprio dos componentes de determinada sociedade. A educação é o meio através do qual esse conhecimento é reproduzido e recriado a cada nova geração. A escola é um lugar especial de produção e reprodução de um tipo particular de conhecimento. Logo adiante veremos como, no contexto do capitalismo, a escola moderna seleciona determinados componentes da cultura para ensinar aos seus alunos. Nossa tarefa, agora, é compreender como os profissionais do ensino estabelecem uma mediação na relação sociedade, cultura e escola. Em outras palavras, trata-se de responder aos questionamentos: O que é o conhecimento? Como a escola se posiciona frente à cultura e ao conhecimento? Como os professores se constituem como mediadores culturais na escola?

Os leitores deste texto conhecem várias coisas e sabem que o conhecimento de cada pessoa é diferente do conhecimento dos professores que já tiveram, do conhecimento dos autores dos textos que leem, do conhecimento dos seus vizinhos, etc. Sabem que o conhecimento das pessoas que moram na cidade é diferente do conhecimento das pessoas da zona rural; que o conhecimento dos brasileiros é diferente do conhecimento dos norte-americanos; que o conhecimento prevalecente na média das pessoas do mundo ocidental é muito diferente do conhecimento que circula no Oriente.

Sabem, também, que há um tipo de conhecimento ligado particularmente ao exercício de atividades práticas (conhecimento empírico) e um conhecimento ligado a atividades específicas do pensamento (conhecimento teórico). Há um conhecimento que circula no conjunto da população (senso comum) e um conhecimento que circula entre grupos específicos de pessoas (conhecimento restrito). Este vai do modo como as benzedeiras e os curandeiros manipulam seus poderes mágicos (magia) às mais refinadas elaborações científicas e filosóficas (conhecimento científico, filosofia). E há tipos de conhecimento que cabe à escola difundir (humanístico, científico, técnico, artístico, etc.) e que é necessariamente recortado da diversidade cultural de que se falou anteriormente.

Acepções do termo cultura

De tudo o que foi dito anteriormente sobre a cultura, salta aos olhos o quanto é complexa a abordagem do tema. Diversa é a cultura – melhor seria referir-se a ela no plural: culturas – e diversas são as formas de abordá-la. A partir de meados do século XX ampliou-se o debate sobre a cultura erudita em contraponto à cultura popular; sobre a indústria cultural como um componente dos instrumentos de mídia; sobre a cultura de massa como resultado da globalização, etc. Na tentativa de dar um tratamento, ao mesmo tempo, amplo e sintético ao tema talvez possa ser tomado como referência o modo como o sociólogo francês Jean-Claude Forquin identifica e discute cinco diferentes acepções do termo cultura: a tradicional, a descritiva, a identitária, a universalista-unitária e a filosófica. Vamos ver cada uma delas. O entendimento dessa discussão é fundamental para se atingir o objetivo proposto para este item.

1) Acepção tradicional

Na acepção *tradicional*, a cultura é considerada como o "conjunto das disposições e das qualidades do espírito 'cultivado'" (FORQUIN, 1993, p. 11). Isso diz respeito à posse de um amplo conjunto de conhecimentos e de competências diversas. Essa é uma acepção individualista e elitista da cultura, referindo-se ao indivíduo ilustrado, erudito, portador de um saber enciclopédico, formado na tradição da melhor educação humanística e filosófico-científica. É muito comum dizer que um indivíduo é "culto", isto é, um sujeito que "cultivou o espírito" e acumulou um vasto conjunto de conhecimentos. O contrário do indivíduo culto é o sujeito rude, isto é, rudimentar, primitivo. Cultivar o espírito significa superar este estado de rudeza e tornar-se um erudito.

2) Acepção descritiva

A segunda acepção destacada por Forquin, exatamente no polo oposto à primeira, é a *descritiva* desenvolvida pelas ciências sociais contemporâneas, tanto a Sociologia quanto a Antropologia.

Isto é, trata-se aqui do relativismo cultural de que se falou anteriormente. Nesse caso, "a cultura é considerada como o conjunto dos traços característicos do modo de vida de uma sociedade, de uma comunidade ou de um grupo, aí compreendidos os aspectos que se podem considerar como os mais cotidianos, os mais triviais ou os mais 'inconfessáveis'" (FORQUIN, 1993, p. 11).

Sob essa perspectiva, constituem a cultura todas as manifestações de um povo, desde os aspectos mais sofisticados aos mais banais, os mais requintados pensamentos e os mais pitorescos, os mais elevados ideais e as mais elementares ideias do senso comum. Nesse sentido, não há povo nem indivíduo sem cultura. Há culturas diferentes, níveis diferenciados de cultura, da erudita à popular, da cultura sofisticada das elites metropolitanas às culturas dos povos que habitam os pontos mais distantes da terra. Essas culturas são constituídas a partir de relações recíprocas, tanto entre pessoas de uma mesma comunidade quanto entre comunidades humanas diferentes.

3) Acepção identitária

Entre o sentido restritivo da primeira acepção e o global e relativista da segunda, diz Forquin, há outras três acepções. Uma delas é a *identitária*, que entende a cultura como "um patrimônio de conhecimentos e competências, de instituições, de valores e de símbolos, constituído ao longo de gerações e característico de uma comunidade humana particular" (FORQUIN, 1993, p. 12). Qual é o "patrimônio de conhecimentos e competências" de cada comunidade na qual estamos inseridos e como esse patrimônio é passado de geração a geração? Quem são os responsáveis pela reprodução desse patrimônio, isto é, quem são os mediadores que permitem às novas gerações o conhecimento desse patrimônio? Que modificações no estoque simbólico cada comunidade experimenta ao abrir-se a outras experiências do mundo ao redor?

Por isso, é que se fala em identidade cultural. Há um "patrimônio de conhecimentos e competências" que distinguem as pessoas do campo daquelas que vivem nas cidades; os brasileiros dos norte-americanos; os ocidentais dos orientais, etc. Não podemos nos iludir, porém, com a ideia, muito difundida entre nós, de que há um traço distintivo no povo brasileiro, que é a cordialidade, a generosidade e outras. Não há nada que assegure a um povo um estado de natureza que se incline para a bondade e o espírito conciliador ou para a maldade e a violência bruta. A identidade cultural de um povo depende da sua própria história. A identidade cultural do povo brasileiro deve ser entendida à luz da configuração histórica que fez de nós o que somos, isto é, um caldeirão cultural constituído a partir de três grandes matrizes: a europeia, a africana e a ameríndia.

4) Acepção universalista-unitária

A acepção *universalista-unitária* da cultura se refere "à ideia de que o essencial daquilo que a educação transmite (ou do que deveria transmitir) sempre, e por toda a parte, transcende necessariamente as fronteiras entre os grupos humanos e os particularismos mentais e advém de uma memória comum e de um destino comum a toda a humanidade" (FORQUIN, 1993, p. 12). Façamos a seguinte reflexão. Nós vivemos no Brasil. Temos aquilo que nos distingue como brasileiros, é claro. Mas a nossa "memória comum", que transcende as fronteiras do país, remete-nos à Civilização Judaico-Cristã, a uma infinidade de culturas africanas e ameríndias, e não ao Budismo, ao Hinduísmo ou ao Islamismo, por exemplo. Do Cristianismo emergiu Catolicismo Ortodoxo, o Catolicismo Apostólico e o Protestantismo. E deste emergiram as centenas de igrejas protestantes dos nossos dias. O que há de universal na nossa cultura? E o que há de particular, unitário, que talvez somente nela seja encontrado?

O trabalho educativo – em qualquer lugar onde ele se realiza e sob quaisquer condições – diz respeito a uma seleção feita pelos educadores (pais, pregadores, professores) daqueles bens culturais que eles julgam necessário e/ou relevante transmitir às novas gerações. Claro que isso não se dá de forma espontânea. Há todo um sistema político e ideológico que cria regulamentações e estabelece critérios que restringem a liberdade desses educadores. De qualquer forma, eles são mediadores. Na escola, aquilo que é selecionado

COLEÇÃO BIBLIOTECA UNIVERSITÁRIA

como relevante e necessário aos estudantes deriva de recortes de conteúdos diversos feitos por profissionais do ensino e distribuídos nas disciplinas que compõem o currículo. Isso constitui amplo tema de debate para uma disciplina específica: a Sociologia do Currículo.

5) Acepção filosófica

Há, ainda, a acepção *filosófica*, que afirma ser a cultura, "antes de tudo, um estado especificamente humano", ou seja, "aquilo pelo qual o homem distancia-se da natureza e distingue-se especificamente da animalidade" (FORQUIN, 1993, p. 12).[3] É sempre bom lembrar que os animais vivem em sociedade, mas somente os seres humanos recriam intencionalmente seu ambiente, porque somente eles têm a potencialidade da cultura.

Os animais reagem a estímulos externos, são domesticados e realizam trabalho, inclusive de acordo com exigências humanas. Somente ao homem, porém, é permitido criar, isto é, ir além daquilo que é dado pelos condicionantes biológicos ou desenvolvido pelo adestramento. Isso constitui um campo complexo há muito discutido pela Antropologia e que genericamente pode ser identificado no tema "natureza e cultura". Voltemos mais uma vez à afirmação de Marx, que diz que "uma aranha executa operações semelhantes às do tecelão, e a abelha supera mais de um arquiteto ao construir sua colmeia. Mas o que distingue o pior arquiteto da melhor abelha é que ele figura na mente sua construção antes de transformá-la em realidade" (MARX, 1985, p. 202).

Os profissionais do ensino como mediadores culturais na escola

O que a discussão sobre essas acepções da cultura nos diz sobre o trabalho dos professores na escola? Segundo Forquin, quando se fala da função de transmissão cultural da educação que cabe mais precisamente à escola, é preciso verificar duas coisas.

---

[3] O fato de chimpanzés utilizarem ferramentas para quebrar cocos ou apanhar cupins não faz deles seres de cultura ou "humanos", como quis a revista *Superinteressante* em sua edição 339, de novembro de 2014.

A primeira, é que a acepção *tradicional* é "demasiado unilateral", por supor que existe um componente valorativo unificador da cultura tomada como sinônimo de erudição. Em outras palavras, é como se existisse um único modelo de cultura que a escola deveria impor a todos indistintamente. A segunda, é que a acepção *descritiva* é demasiado genérica, por não supor nenhuma referência a partir da qual se pudesse mobilizar as pessoas para avançarem em relação ao seu próprio nível cultural. É como se houvesse um vale-tudo em que todos os bens culturais pudessem ser tomados como se tivessem o mesmo valor.

Ora, diz Forquin, "é preciso reconhecer que sempre, e por toda parte, a educação implica um esforço voluntário com vistas a conferir aos indivíduos (ou ajudar os indivíduos a adquirir) as qualidades, competências, disposições, que se têm por [...] desejáveis, e que para isso nem todos os componentes da cultura no sentido sociológico são de igual utilidade, de igual valor" (FORQUIN, 1993, p. 11). Isso significa que, quando uma instituição, como a escola, está a serviço da transmissão cultural, é preciso que certos aspectos da cultura sejam reconhecidos como mais relevantes que outros para que possam ocupar um lugar privilegiado como objeto de ensino.

Mas é exatamente aí que residem problemas fundamentais, que serão apenas apontados por enquanto. Quem define o que é mais relevante para compor os currículos e os respectivos conteúdos que se ensinam nas escolas? Que relações de poder se estabelecem entre aqueles que definem a constituição das redes de escolarização? Que possibilidades e limites têm os praticantes no interior das estruturas sociais, sobretudo numa sociedade tão marcada pela desigualdade como a nossa? Qual é o papel dos professores nessa relação?

Questões como essas não têm respostas fáceis, mas não há dúvida de que é nesse momento que deve ser valorizado o papel do professor como mediador cultural na escola. Ele deve ter capacidade para analisar criticamente não apenas os conteúdos que ensina, mas o próprio lugar da escola no contexto das relações sociais mais amplas. Como se vê, não é uma tarefa fácil para o professor. Dele se espera que, além de dominar bem os conteúdos que cabem à escola difundir, seja capaz de ter clareza do significado mais amplo da sua ação pedagógica.

Pode-se supor que os instrumentos dos quais se lança mão para formar os profissionais da educação os legitimam, também, perante a sociedade, para tomar as decisões acerca do que deve e do que não deve ser ensinado nas escolas. Mas isso significaria poder supor, também, que haveria meios de se estabelecer um consenso quanto à escola ideal, se a da República, a confessional (escolas religiosas) ou a empresa educacional privada. Longe, entretanto, de se encontrar aí qualquer consenso quanto à legitimidade dos especialistas do ensino e à eficácia das redes de escolarização, o amplo debate pedagógico não deixa escapar qualquer postura que não se submeta ao crivo da crítica.

Portanto, mesmo reconhecendo e respeitando como legítimas (quase) todas as manifestações culturais, cabe aos profissionais do ensino recortar e selecionar aquilo que pode ser considerado mais relevante para ser ensinado nas escolas. Isso, porém, não deriva de um posicionamento neutro desses profissionais. O que define a prática pedagógica no interior das escolas são as relações sociais, que são perpassadas de interesses econômicos, sociais, políticos, culturais e ideológicos. Quanto maior a diversidade cultural, maiores os desafios da educação e, por conseguinte, dos profissionais que se ocupam dela.

CAPÍTULO IV...

Educação

Mas, afinal, o que é educação?

Ao longo do tempo, a educação tem sido analisada de muitas formas. Essa diversidade dos modos de abordá-la decorre da diversidade dos modos como ela é realizada e das diferentes concepções teóricas dos analistas. Segundo o educador Carlos Rodrigues Brandão, lembrando Durkheim, há tantos tipos de educação quantas forem as sociedades existentes. Melhor seria referir-se a ela no plural, como educações, pois "não há uma forma única nem um único modelo de educação; a escola não é o único lugar onde ela acontece e talvez nem seja o melhor; o ensino escolar não é a sua única prática e o professor profissional não é o seu único praticante" (BRANDÃO, 1995, p. 9).

Brandão começa sua discussão citando um trecho de uma carta de índios norte-americanos. Nessa carta, os índios agradeciam, mas recusavam uma proposta dos governos da Virginia e de Maryland, nos Estados Unidos, "para que enviassem alguns de seus jovens às escolas dos brancos". A recusa tinha como argumento o fato de que as escolas que serviam para educar os brancos, na realidade deseducavam os índios. E essa é uma das questões mais complexas com as quais os educadores trabalham. A educação ideal para alguns pode não ter o menor sentido para outros.

A educação varia muito de acordo com o lugar e o tempo em que é realizada. Ela existe em todos os lugares e é exercida de modo diferente de acordo com os tipos de sujeitos que cada sociedade deseja formar. Mas ela existe, também, de modo desigual entre os diversos tipos de sociedade e os diversos tipos de sujeitos que as compõem. Reconhecer a diferença é perceber que existem diferentes sociedades e diferentes culturas. A educação não só é o meio através do qual cada uma dessas culturas pode ser reproduzida de geração a geração, como também é o meio através do qual as trocas simbólicas podem ocorrer entre diferentes sociedades. Essa é a força da educação, diz Brandão, porque ela permite a ampliação do repertório cultural de uma sociedade, recriando valores e normas, ideias e saberes, hábitos e crenças, etc.

Entretanto, não podemos deixar de reconhecer que existem relações de desigualdade social, que permitem a alguns povos e/ou classes sociais ou grupos exercerem a dominação sobre outros, fazendo da educação o instrumento fundamental dessa dominação. A educação do colonizador não serve para ser a do colonizado, diz Brandão.' Além disso, há situações de desigualdade que não permitem a pessoas e/ou grupos de pessoas o acesso aos bens culturais mais valorizados em determinada sociedade. O próprio educador, muitas vezes, pensando que age por si próprio e em nome da liberdade que imagina transmitir a quem educa, pode estar, na realidade, legitimando as condições em que a dominação é exercida. E essa é a fraqueza da educação.

Essa discussão tomada de Carlos Rodrigues Brandão vem a propósito das representações sobre educação cristalizadas no senso comum e que atribuem à escola um poder de transformação que, na maioria das vezes, ela não tem. Podemos observar em qualquer meio social o modo como as pessoas se referem à educação. Elas podem até não saber elaborar uma definição de educação, mas certamente dizem aquilo que se convencionou repetir, como uma oração repetida ao longo do tempo – um *mantra* –, que cabe à educação a tarefa de transformar a realidade, promover o desenvolvimento, atingir a modernidade, resolver os nossos problemas de ordem econômica, social, política e cultural.

A educação segundo Durkheim

De onde vem essa crença na educação como fator de reconstrução social?

Na realidade, ela vem de longa data, pelo menos desde o *iluminismo*. Mas foi no século XIX, sobretudo com o *positivismo*, que ganhou força a ideia de que a razão e a ciência modernas não apenas permitiriam o conhecimento do mundo mas, principalmente, permitiriam fazer desse conhecimento um instrumento seguro de intervenção racional na realidade. E mais, que essa racionalidade e essa ciência modernas deveriam ser difundidas através da escola que, como foi dito, a partir desse momento passou a se confundir com a própria educação. Foi a partir desse momento, também, que houve a escolarização do conhecimento científico ou, em outras palavras, houve a introdução de disciplinas científicas no currículo escolar da educação básica. Observe que até mesmo o nome do ensino médio em vigor até recentemente (Científico) expressava essa pretensão.

Veremos na segunda parte deste livro em que consistia basicamente o positivismo, mas não podemos deixar de destacar o sociólogo Émile Durkheim como um dos principais responsáveis por boa parte desse entusiasmo pela educação. Como vimos, ao contrário de Marx, que analisa a sociedade sob a perspectiva da contradição e do conflito de classes, e de Weber, que a vê pelo prisma do confronto de interesses, Durkheim centra-se na questão do consenso, perguntando como a ordem e a estabilidade são possíveis na sociedade e como a educação deverá se constituir como fator de desenvolvimento da solidariedade social, isto é, da coesão social. Além de teórico, ele tentou realizar, na prática, as suas ideias e criou a disciplina Sociologia da Educação, que ministrou, por muitos anos, em diversos cursos de formação de professores na França. Além de formular uma definição precisa de educação, ele analisou e apontou, com entusiasmo, o lugar dela na conformação de relações sociais estáveis e duradouras.

Para Durkheim, independentemente do lugar e da época em que é realizada, a educação é o mesmo que socialização e tem por objeto formar o ser social, isto é, tornar o ser egoísta que somos ao nascer em um indivíduo socialmente ajustado. O que varia, de acordo com o tempo e o espaço, é o modo como esse processo é realizado. Toda criança deseja que o mundo seja seu, diz Durkheim. É através da educação que ela aprende a conviver na sociedade, reconhecendo o *outro* e incorporando como hábito as imposições e exigências do meio social. Esse ser social é produto da coerção exercida pela sociedade, que tende a moldar a criança à sua imagem, "pressão de que tanto os pais quanto os mestres não são senão representantes e intermediários" (DURKHEIM, 1990, p. 5. Ver, também, DURKHEIM, 2001; BERGER; BERGER, 1977).

Vimos também que Durkheim vê a sociedade como um conjunto integrado de fatos sociais. Esses fatos sociais, as instituições, exercem sobre os indivíduos uma coerção exterior. Dessa forma, família, Igreja, escola e Estado são instituições que, através dos seus intermediários ou mediadores – pais, pregadores, professores e governo –, impõem-se sobre os indivíduos, tentando fazer com que eles internalizem os modos próprios de viver da sociedade onde estão inseridos. Todas elas são instituições socializadoras. Socializar, segundo Durkheim, é fazer com que os indivíduos compartilhem das ideias e das normas vigentes numa determinada sociedade. Não realizar isso é submeter os indivíduos a um estado de anomia (nomos = lei), isto é, de negação das normas e de fragilização dos laços que garantem a coesão social.

Cada sociedade humana tem maneiras diferentes de socializar as novas gerações, vale dizer, de educar. De modo geral, essa socialização começa na família, ainda que não exista um modelo de família universal, válido para todas as sociedades, da mesma forma que existem famílias organizadas de modo diferente dentro de uma mesma sociedade. Essas famílias, também de modo geral, estão inseridas em outras formas de organização social, como a vida religiosa ou o mundo do trabalho. No caso das sociedades ocidentais, predomina a vida religiosa ordenada pelo Cristianismo, que tem as igrejas como lugar especialmente reservado para o culto ao qual as crianças são levadas desde quando nascem. Mesmo as famílias que praticam outra religião ou não praticam religião alguma levam seus filhos desde cedo a lugares aos quais se atribui valor importante no processo de socialização das crianças. Um pouco mais tarde – e com as mudanças verificadas na nossa sociedade, cada vez menos tarde –, as crianças são mandadas à escola, lugar por excelência da segunda fase dessa socialização, ou, em outras palavras, lugar por excelência reservado à educação.

Em sociedades onde é baixo o grau de divisão do trabalho, a socialização se dá lentamente nos rituais de iniciação, no cotidiano do trabalho e no convívio com os mais velhos. À medida que aumenta tal divisão e a intensidade com que novos saberes são exigidos, a escola passa a assumir a tarefa de garantir um tipo particular de instrução visando qualificar os indivíduos para assumirem tarefas cada vez mais especializadas. É com a divisão do trabalho, portanto, que a escola adquire centralidade como instituição educadora. Ela passou a ocupar um lugar tão relevante na nossa sociedade, que a ela tem sido atribuída a responsabilidade pela formação da personalidade adulta – o cidadão – e pela preparação para o mundo do trabalho.

Durkheim vivia uma tensão entre o entusiasmo pela *belle époque*, uma época áurea de desenvolvimento que a França havia atingido, e o risco de ver a sociedade se esfacelar em uma poeira de indivíduos isolados em decorrência da quebra dos padrões tradicionais de coesão social sem que outros novos viessem substituí-los. Ele reivindicava vigorosamente que a educação escolar assumisse essa tarefa, isto é, a de criar novos padrões de solidariedade social, numa sociedade submetida a um ritmo de mudanças cada vez mais intenso. Ele atribuía à escola uma importância fundamental nessa nova sociedade, por dois motivos principais. Um deles é que caberia a ela desenvolver as aptidões individuais, permitindo a cada um se adequar à divisão do trabalho, posto que a educação doméstica não seria mais suficiente para essa exigente tarefa. O outro se relaciona ao importante papel da escola no processo de socialização, criando e difun-

COLEÇÃO BIBLIOTECA UNIVERSITÁRIA

dindo novas ideias que reforçassem as estruturas da sociedade, por exemplo, uma moral laica e racional que pudesse ocupar o lugar que a religião (*religere*, re-ligação, ligação compacta) outrora havia ocupado.

Mas antes de falarmos de escola, temos que falar em educação, esse fato social sobre o qual todos têm algo a dizer, mas nem todos conseguem ter clareza do que realmente ela é. Durkheim já havia percebido, à sua época, a confusão que o vocábulo evocava, uma vez que elementos distintos como ensino, instrução, escolarização e formação, tudo isso passou a ser tratado como sinônimo de educação. Observemos essa citação que Durkheim faz de John Stuart Mill, para quem a educação é

> [...] tudo aquilo que fazemos por nós mesmos, e tudo aquilo que os outros intentam fazer com o fim de aproximar-nos da perfeição de nossa natureza. Em sua mais larga acepção, compreende mesmo os efeitos indiretos, produzidos sobre o caráter e sobre as faculdades do homem, por coisas e instituições cujo fim próprio é inteiramente outro: pelas leis, formas de governo, pelas artes industriais, ou ainda, por fatos físicos independentes da vontade do homem, tais como o clima, o solo, a posição geográfica (MILL *apud* DURKHEIM, 1987, p. 34).

Durkheim não aceita essa definição de educação de Stuart Mill, para quem ela é "tudo". Segundo Durkheim, dizer que a "educação é tudo", além de não apontar a especificidade da ação educativa, traz mais confusão do que esclarecimento acerca do que ela é. Em suas palavras, "essa definição engloba [...] fatos inteiramente diversos, que não devem estar reunidos num mesmo vocábulo, sem perigo de confusão" (DURKHEIM, 1987, p. 34).

Durkheim reconhece a influência das coisas e do ambiente sobre os indivíduos e a influência que crianças e adolescentes exercem uns sobre os outros. Mas essa é uma influência inteiramente diversa daquela que as gerações adultas exercem sobre as novas gerações, diz ele. Em suas palavras, essa influência é diferente daquela "que os adultos exercem sobre as crianças e

INTRODUÇÃO À SOCIOLOGIA DA EDUCAÇÃO

adolescentes". É unicamente para esse tipo particular de influência, ou, melhor dizendo, de *ação deliberada*, que ele reserva o termo *educação*.

Durkheim cita também outro autor, Immanuel Kant, um dos maiores nomes do iluminismo, para quem "o fim da educação é desenvolver, em cada indivíduo, toda a perfeição de que ele seja capaz" (KANT *apud* DURKHEIM, 1987, p. 35). Observe que o termo *perfeição* já apareceu na definição de Stuart Mill: Educação é "tudo aquilo que fazemos por nós mesmos, e tudo aquilo que os outros intentam fazer com o fim de aproximar-nos da *perfeição* de nossa natureza." Daí vem aperfeiçoamento. Mas, questiona Durkheim, "que se deve entender pelo termo perfeição?". Segundo ele, pode-se dizer que perfeição ou aperfeiçoamento é o "desenvolvimento harmônico de todas as faculdades humanas". No entanto, ele diz, "levar ao mais alto grau possível todos os poderes que estão em nós, realizá-los tão completamente como possível, sem que uns prejudiquem os outros" apesar de ser um "ideal supremo", "necessário e desejável", não passa de algo que "não é integralmente realizável" (DURKHEIM, 1987, p. 35).

Por que esse ideal de perfeição não se realiza na prática? A resposta de Durkheim é inteiramente sintonizada com a discussão que ele faz sobre o grau crescente de divisão do trabalho nas sociedades modernas. Numa postura radicalmente diferente da de Marx, por exemplo, que fazia severas críticas à divisão do trabalho, para Durkheim, a organização do trabalho no mundo moderno

> [...] nos obriga a nos dedicarmos a uma tarefa, restrita e especializada. Não podemos, nem nos devemos dedicar, todos, ao mesmo gênero de vida; temos, segundo nossas aptidões, diferentes funções a preencher, e será preciso que nos coloquemos em harmonia com o trabalho que nos incumbe. Nem todos somos feitos para refletir; e será preciso que haja sempre homens de sensibilidade e homens de ação. Inversamente, há necessidade de homens que tenham como ideal de vida, o exercício e a cultura do pensamento (DURKHEIM, 1987, p. 35).

Observe que Durkheim fala em "nossas aptidões" e "diferentes funções" a que somos convocados a desempenhar na sociedade. A esse modo de ler o "funcionamento" da sociedade voltaremos posteriormente. Por enquanto, basta que fique claro que, para Durkheim, a educação que cada sociedade realiza é funcional ao seu modo de existência. "De que serviria imaginar uma educação que levasse à morte a sociedade que a praticasse" (DURKHEIM, 1987, p. 37). Mais do que simplesmente imputar a Durkheim uma postura conservadora, o que ele de fato era, é importante reconhecer a distinção que ele fazia entre conhecer cientificamente o modo como a educação acontece nas sociedades e o ideal pedagógico que se constituía em torno dela. Por isso ele distingue *ciências da educação* e *pedagogia*, sendo as primeiras a expressão do conhecimento produzido pela indagação científica e a segunda, uma tentativa de aplicação desse conhecimento na tarefa necessária de reconstruir os sistemas de ensino. Durkheim, no entanto, não compartilha da ilusão de que as instituições podem ser mudadas simplesmente por uma expressão da vontade.

Definir, pois, educação, segundo Durkheim, é dizer o que ela é e não o que ela deveria ser, ainda que seja legítimo que todos desejem uma educação diferente ou que cada indivíduo ou cada povo tenha um ideal de educação. Essa definição só é possível se encontrarem os traços comuns à educação em diferentes sociedades e em diferentes épocas, independentemente das instituições educadoras próprias de cada uma, dos conteúdos que compõem cada tipo de educação e dos critérios de verdade que validam determinado tipo de conhecimento. E o que Durkheim encontrou de comum a todas as sociedades, de todos os tempos, além de gerações que se ligam umas às outras através da educação, é que "não existe sociedade na qual o sistema de educação não apresente o duplo aspecto: o de ser, ao mesmo tempo, uno e múltiplo" (DURKHEIM, 1987, p. 39). Em que consistem esses dois aspectos?

No primeiro caso, aspecto uno, universal, a educação constitui uma "base comum" de conhecimentos compartilhados

INTRODUÇÃO À SOCIOLOGIA DA EDUCAÇÃO

indistintamente por todos os indivíduos, o que remete ao conceito de solidariedade mecânica discutido anteriormente. Segundo ele, "não há povo em que não exista certo número de ideias, de sentimentos e de práticas que a educação deve inculcar a todas as crianças, indistintamente, seja qual for a categoria social a que pertençam" (DURKHEIM, 1987, p. 40). Desde quando nascem, as crianças aprendem a falar uma língua comum ao grupo, a reconhecer e a respeitar determinados símbolos, são submetidas aos mesmos rituais de iniciação, etc.

Como esse aspecto uno se manifesta na escola? Ele se manifesta no ensino da língua, da matemática e das ciências. Mesmo havendo variações linguísticas regionais, ensina-se uma forma-padrão da língua em todas as escolas do país. O mesmo acontece com a matemática, que supõe uma lógica universal, e com as ciências da natureza, que também se assentam num padrão universal de classificação. Na legislação brasileira tais noções aparecem, no currículo dos sistemas de ensino, como *núcleo comum*.

Entretanto, a diferenciação social e a especialização de funções no âmbito da crescente divisão do trabalho fazem com que a educação não possa ser a mesma para todos os indivíduos em todo o período educacional. Para atender à diversidade de funções provocada pela divisão do trabalho, ou solidariedade orgânica, faz-se necessário que haja uma educação diferenciada. Cabe à escola moderna, com suas múltiplas formas de organização, promover essa educação diferenciada, de acordo com essa diversidade cultural e com a diversidade provocada pela divisão do trabalho. Esse aspecto múltiplo da educação se refere, portanto, não apenas às diversidades regionais ou das culturas, mas também às opções diferenciadas que os indivíduos vão fazendo ao escolherem, quando podem, suas carreiras profissionais. Na legislação, isso aparece como *parte diversificada*, remetendo determinados conteúdos a áreas específicas de conhecimento e a diferentes níveis e etapas de escolarização.

Durkheim justifica o recorte desses aspectos para a definição que pretende elaborar dizendo que em todas as sociedades se constitui historicamente um conjunto de ideias acerca da natureza

COLEÇÃO BIBLIOTECA UNIVERSITÁRIA

humana, da relação entre os homens e entre eles e a natureza, e que cabe à educação fixá-las na consciência dos educandos. Cada sociedade faz de si mesma certa imagem e constrói certo ideal de homem que deverá formar pela educação. Esse ideal é, diz ele, até certo ponto, o mesmo para todos os cidadãos, e que a partir desse ponto começa a se diferenciar de acordo com os "meios particulares que toda sociedade encerra em sua complexidade. Esse ideal, ao mesmo tempo uno e diverso, é que constitui a parte básica da educação" (DURKHEIM, 1987, p. 41). O quadro a seguir pretende visualizar como Durkheim estabelece as conexões conceituais entre os aspectos uno e múltiplo da educação e os conceitos de solidariedade mecânica e solidariedade orgânica discutidos anteriormente.

Solidariedade mecânica	Coesão pelas semelhanças	Preponderância do direito penal ou repressivo	Aspecto uno da educação	Função homogeneizadora	Núcleo comum da LDB
Solidariedade orgânica	Coesão pelas diferenças	Preponderância do direito cooperativo ou restitutivo	Aspecto múltiplo da educação	Função diferenciadora	Parte diversificada da LDB

É por essa via, portanto, que a educação exerce uma função *homogeneizadora* (aspecto uno, solidariedade mecânica, coesão pelas semelhanças) e *diferenciadora* (aspecto múltiplo, solidariedade orgânica, coesão pelas diferenças). A existência da sociedade não seria possível sem que houvesse entre seus membros alguma homogeneidade. "A educação perpetua e reforça essa homogeneidade, fixando de antemão na alma da criança certas similitudes essenciais, reclamadas pela vida coletiva" (DURKHEIM, 1987, p. 42). Quanto menor o grau de divisão do trabalho, menor a diferenciação e maior a coerção necessária à manutenção da coesão social porque cada elemento de diferenciação é visto como ameaça. Daí a preponderância do direito penal ou repressivo. Por outro lado, nenhuma sociedade existe sem que haja certa cooperação entre seus membros e essa cooperação expressa diferenciação de funções. "A educação assegura

86

a persistência dessa diversidade necessária, diversificando-se ela mesma e permitindo as especializações" (DURKHEIM, 1987, p. 42). Dessa forma, Durkheim chega à seguinte definição de educação. Ela é:

> A ação exercida pelas gerações adultas sobre as gerações que não se encontram ainda preparadas para a vida social; tem por objeto suscitar e desenvolver, na criança, certo número de estados físicos, intelectuais e morais, reclamados pela sociedade política no seu conjunto e pelo meio especial a que a criança, particularmente, se destine (DURKHEIM, 1987, p. 42).

Pode-se discordar de Durkheim quanto à verticalidade da sua definição e quanto ao aspecto conservador que sua concepção de educação encerra. Porém, essa não é uma definição qualquer. Ela é a expressão, ao mesmo tempo, do caráter pedagógico dos escritos de Durkheim, que sempre se preocupou em definir claramente os conceitos com os quais trabalha, e do rigor analítico com que constrói suas formulações. Durkheim chega a essa definição a partir de um diálogo crítico com outros autores que o antecederam e de uma rigorosa abordagem histórica das práticas pedagógicas presentes em diferentes sociedades.

Outro aspecto relevante dessa formulação é que Durkheim toma como referência para sua análise sociológica as instituições e é nelas que ele deposita suas expectativas de reconstrução social. Dessa forma, família, Igreja, escola e Estado são instituições constitutivas da sociedade e é nelas que residem os elementos "cimentadores" da coesão social. Essas instituições constituem os fatos sociais que se sobrepõem aos indivíduos, sendo os pais, os professores, os pregadores e os governos apenas os intermediários da coerção que elas exercem, respectivamente, sobre os filhos, os estudantes, os fiéis e os cidadãos. Eles (pais, professores, pregadores e governos) constituem as gerações adultas a quem cabe a tarefa de educar as novas gerações.

Pode-se objetar que esse conceito de Durkheim é insuficiente pelo fato de as revoluções tecnológicas dos nossos dias

COLEÇÃO BIBLIOTECA UNIVERSITÁRIA

terem subvertido essa relação entre as gerações, permitindo que as novas gerações dominem determinados conhecimentos que as gerações adultas se revelam incapazes de atingir. Basta observar a familiaridade com que os meninos da geração.com lidam com controles remotos, internet, celulares e assemelhados para perceber isso. Pode-se objetar também, a partir de algumas ideias que estiveram em voga nos meios acadêmicos, na segunda metade do século XX, que ninguém educa ninguém, todos se educam na prática cotidiana.

No primeiro caso, Durkheim certamente consideraria uma ingenuidade achar que crianças e adolescentes, mesmo que geniais e habilíssimos no domínio dessas novas ferramentas, são capazes de "educar" pais e professores. Durkheim diria que isso não é educação, e sim ensino ou instrução, como aquelas que vêm nos manuais que acompanham todos esses equipamentos. Como não necessariamente pais e professores sabem ler, ou não conseguem entender o que leem, pode ser que sejam ensinados ou instruídos pelos mais novos. Quase todos, então, são capazes de instruir ou ensinar; nem sempre são capazes de educar. Um instrutor de autoescola, por exemplo, ensina o futuro motorista a dirigir; não necessariamente o educa para o trânsito. Segundo Durkheim:

> Um ensino só é educativo na medida em que for de natureza a exercer sobre nós mesmos, sobre nosso pensamento, uma ação moral, isto é, se ele mudar alguma coisa no sistema de nossas ideias, nossas crenças, nossos sentimentos (DURKHEIM, 1995, p. 314).

No segundo caso, Durkheim diria que, a menos que existisse uma sociedade plenamente anárquica, isto é, com ausência total de governo, ou totalmente anômica, isto é, com ausência total de normas reguladoras, uma situação em que ninguém educa ninguém seria impossível. Essa sociedade não reservaria nenhum lugar à educação ou à pedagogia, porque nada poderia ser validado como matéria de ensino. Como disse Jean-Claude Forquin, muito tempo depois, "toda pedagogia cínica, isto é, consciente de si como manipulação, mentira ou passatempo fútil, destruiria a

INTRODUÇÃO À SOCIOLOGIA DA EDUCAÇÃO

si mesma: ninguém pode ensinar verdadeiramente se não ensina alguma coisa que seja verdadeira ou válida a seus próprios olhos" (FORQUIN, 1993, p. 9). O correto seria dizer, então, que ninguém *forma* ninguém, pois todos se *formam* na prática cotidiana. Ao conjunto de fatores que permitem a constituição da personalidade adulta, aí incluídas todas as múltiplas influências do meio natural e social em que cada qual se situa, Durkheim chamaria formação.

Observa-se, portanto, que estamos falando de quatro conceitos diferentes, apesar de serem tomados por sinônimos tanto no linguajar cotidiano quanto em diversos dicionários da língua portuguesa: instrução, ensino, educação e formação. Em resumo, poderíamos dizer, então, que todos se ligam a um mesmo fenômeno, mas cada um tem uma especificidade. Instrução e ensino são os mais elementares. Pode-se dizer que qualquer pessoa que goze plenamente de saúde mental é capaz de dar uma instrução ou ensinar algo a alguém, uma vez que ensinar é tornar possível uma aprendizagem e instruir é dotar esse ensino de uma utilidade prática. Um manual de instrução exige apenas que alguém seja capaz de decodificá-lo.

Educar, no entanto, é algo muito mais exigente e complexo porque supõe a capacidade que alguém tem de apontar um norte ao educando, portar-se como referência, estabelecer coordenadas culturais, exercer uma direção. Durkheim atribuía essa capacidade – ou essa responsabilidade – às gerações adultas. Nas sociedades pré-modernas as gerações adultas coincidem com pessoas idosas. Nas sociedades modernas as gerações adultas são os especialistas. Daí a sua preocupação com a formação dos professores. Formação, no entanto, é conceito muito mais genérico porque ultrapassa a fronteira das gerações e se apresenta como um processo que acompanha o indivíduo por toda a vida.

Durkheim tinha uma grande expectativa em relação ao papel da escola como instituição educadora, encarregada de desenvolver as aptidões individuais numa sociedade que exige, cada vez mais, qualificação e especialização de seus trabalhadores. Mas tinha uma grande expectativa, também, de que a escola pudesse estabelecer elementos normativos da ordem moral que pudessem funcionar como fatores de coesão social numa sociedade cada vez fragmentada pela especialização de funções. Para Durkheim, quanto mais frágeis ficavam os fatores coesitivos tradicionais, como os ordenados pela religião, por exemplo, mais necessário se tornava fortalecer o papel da escola como instância normativa. O mesmo pode ser dito em relação à incapacidade de os pais se constituírem como geração adulta.

Daí a importância atribuída aos professores, sobretudo os da escola primária, que deveriam ser formados na Escola Normal. Como o próprio nome indica, Normal vem de normalizar, estabelecer normas, e a Escola Normal deveria corresponder à expectativa da sociedade no que diz respeito ao estabelecimento das normas que deveriam regular o trabalho dos professores primários e, através deles, a nova sociedade escolarizada. A educação escolar deveria impedir a desagregação social, na medida em que permitisse a realização social dos indivíduos, engrandecendo-os e tornando-os verdadeiramente humanos. Para Durkheim, a educação é essencialmente boa. Tão boa que os indivíduos se sujeitam à submissão social, "porque o ser novo que a ação coletiva, por intermédio da educação, assim edifica, em cada um de nós, representa o que há de melhor no homem, o que há em nós de propriamente humano" (DURKHEIM, 1987, p. 45).

O problema da definição de educação de Durkheim, portanto, não está na sua verticalidade ou no seu aspecto coercitivo e diretivo. Com isso concordavam Marx e Weber. O problema está no fato de ele considerar que existe uma funcionalidade na sociedade que independe das questões relativas às desigualdades sociais, à diversidade cultural ou aos interesses. Quanto mais diversificada é a sociedade – e essa é uma tendência cada vez mais forte nas sociedades contemporâneas –, mais difícil se torna realizar o aspecto homogeneizador da educação.

Na realidade, a Escola Normal nunca exerceu sua capacidade normativa porque ela não está acima das relações sociais. Pelo contrário, é parte delas. Os liberais têm um projeto de sociedade e educação que é diferente do projeto dos positivistas, que é diferente do projeto dos marxistas, que é diferente do projeto dos anarquistas, que é diferente do projeto dos religiosos, sendo que não necessariamente há diálogos possíveis entre esses projetos. Na maior parte das vezes são mutuamente excludentes. Durkheim talvez não tenha considerado suficientemente bem o fato de que a educação – mais que coerção – é expressão de relações de poder, de conflito e contradição, como muito bem expressaram Weber e Marx.

A educação segundo Weber

Weber pode ser aproximado a Marx pela centralidade que a questão do poder, da dominação e do conflito tem na sua obra. No entanto, ele tem uma postura radicalmente distinta tanto da de Marx quanto da de Durkheim, ao fazer sua análise da educação. Ele não demonstrava qualquer simpatia em relação às perspectivas que acreditavam poder fazer da ciência social um instrumento de ordenação daqueles fatores considerados como "patologias sociais" (expressão da anomia ou da alienação), ou de ordenamento de ideais revolucionários. Como afirma Gabriel Cohn, Weber combate resolutamente a ideia de que a ciência possa engendrar "concepções de mundo" universalmente reconhecidas e fundadas num suposto sentido objetivo do decurso histórico, ainda que isso fosse legitimamente aceitável e socialmente desejável (COHN, 1986, p. 21).

A realidade social, apesar de ser passível de compreensão pela ciência, é constituída a partir do confronto de interesses e valores inconciliáveis, e esses valores estão fora do alcance de qualquer regulação por meios científicos ou por uma vontade previamente orquestrada. Não há qualquer critério universalmente válido para que se possam justificar determinadas coordenadas culturais como um objetivo a ser perseguido, como expressa em texto esclarecedor. Numa vigorosa manifestação de desdém, ele diz:

> O destino de uma época que comeu da árvore do conhecimento é ter de [...] reconhecer que as concepções gerais da vida e do universo nunca podem ser os produtos do conhecimento empírico crescente, e que os mais elevados ideais, que nos movem com mais vigor, sempre são forma-

COLEÇÃO BIBLIOTECA UNIVERSITÁRIA

dos apenas na luta com outros ideais que são tão sagrados para os outros quanto os nossos para nós (CF. HARVEY, 1993 (epígrafe); GIDDENS, 1990, p. 195; COHN, 1986, p. 21).

Apesar de não ser geralmente incluído no rol dos clássicos da Sociologia da Educação, sua importância para a análise da relação entre cultura, educação e escola vai muito além daquilo a que geralmente estão ligadas as suas formulações teóricas, isto é, à análise da organização burocrática das instituições que se encarregam de planejar e executar os planos e programas relativos à instrução explícita.

Entre os autores que recuperaram alguns pressupostos da teoria sociológica da educação de Weber, Pierre Bourdieu é um dos que mais se destacaram (BOURDIEU, 1983, 1987, 1989, 1992). Bourdieu preocupa-se em extrair e desenvolver alguns elementos da teoria weberiana da religião, situando-a dentro do contexto da cultura e associando a função ideológica da religião à de inculcação, legitimação e manutenção da ordem estabelecida. Percebe-se, na terminologia bourdieuriana, o uso de termos já adotados por Weber, como legitimação, *éthos*, arbítrio, inculcação, imposição, reprodução, e outros. É Weber, também, a principal matriz da crítica bourdieuriana às formas de linguagem adotada pela escola, cujos códigos de deciframento são desconhecidos pelos membros das camadas subalternas da população. Assim se expressa Weber:

> O âmbito da influência com caráter de dominação sobre as relações sociais e os fenômenos culturais é muito maior do que parece à primeira vista. Por exemplo, é a dominação que se exerce na escola que se reflete nas formas de linguagem oral e escrita consideradas ortodoxas. Os dialetos que funcionam como linguagem oficial das associações políticas autocéfalas, portanto, de seus regentes, vieram a ser essas formas ortodoxas de linguagem oral e escrita e levaram às separações "nacionais" (por exemplo, entre Alemanha e Holanda). Mas a dominação exercida pelos pais e pela escola estende-se para muito além da influência sobre aqueles bens culturais (aparentemente apenas) formais até a formação do caráter dos jovens e, com isso,

dos homens. [...] A associação doméstica constitui a célula reprodutora das relações tradicionais de domínio (WEBER, 1994, p. 141).

Porém, é Carlos Lerena (1985) quem explicita esses pressupostos teóricos e esclarece as tipologias estabelecidas por Weber para distinguir a educação como processo mais amplo de apropriação de bens culturais (processo geral de apropriação de códigos simbólicos disponíveis em determinado meio cultural) e como processo específico de escolarização (conjunto sistematizado de conhecimentos que tem na escola o lugar especial da sua realização, aparato institucional do qual determinada cultura se utiliza para produzir e reproduzir determinadas relações de dominação).

Segundo Lerena, tanto a Sociologia da Religião quanto a Sociologia da Educação de Weber se relacionam à teoria do poder e das formas de dominação por ele formulada. A organização escolar constitui, para Weber, um dos aparatos coativos de dominação que tem por tarefa a administração dos bens culturais, os quais são uma versão mundana dos bens de salvação religiosa. O sistema escolar contém um conjunto de funções, dentro do qual destacam-se as funções de imposição da legitimidade de uma cultura, de inculcação sistemática dela, de legitimação da ordem social e, finalmente, de reprodução do sistema de dominação. Segundo interpretação de Lerena, para Weber são três as condições necessárias para que a rede escolar se constitua como sistema.

> Primera, cuando existe un cuerpo permanente de especialistas, cuyos deberes profesionales y conducta específica vienen sometidos a una reglamentación propia. Segunda, cuando ese cuerpo de especialistas tiene una formación uniforme, consignada en escritos y materializada en rutinas técnicas, y un reclutamiento reglado. Y, tercera, cuando la capacidad carismática de sus miembros es separada del carisma oficial, atribuido al conjunto, esto es, cuando aquéllos no precisan apoyarse en un carisma personal, sino que aparecen como funcionarios de un carisma que les trasciende y del que es portadora y administradora la propia instituición, la propia escuela (LERENA, 1985, p. 148).

Uma vez constituída como sistema, a educação escolar cumpre a tarefa fundamental de servir às estruturas de poder e de dominação que caracterizam a sociedade na qual está inserida. São três os tipos de educação tratados por Weber, quais sejam, a humanística, a especializada e a carismática, que correspondem aos três tipos puros de dominação legítima: a dominação tradicional, a dominação racional-legal e a dominação carismática. São bastante conhecidas essas tipologias da dominação, assim como a tendência de a forma racional-legal se sobrepor às formas de domínio tradicional, seja ele patriarcal ou patrimonial.[4] O indicador do grau de modernização numa dada sociedade é dado pelo aumento progressivo da dominação racional-legal, progressão essa que se dá num intenso combate entre modernidade e tradição e expressa a universalização do modo capitalista de organizar o trabalho, a produção e o saber.

A educação humanística tem por propósito cultivar um determinado modo de vida que comporta particulares atitudes e comportamentos, seja de caráter mundano ou religioso. Esse modo de vida pode ser muito diverso, pois constitui sempre um conjunto articulado de atividades apoiadas em um *éthos* característico do ideal de cultura correspondente ao estrato a que se destina, que pode ser uma classe, um estamento ou "casta" particular. Essa é a típica educação aristocrática que aparece como instância reprodutora dos grupos socialmente privilegiados. Ela é a educação da nobreza medieval e constitui-se no ideal de

---

[4] Ao contrário da dominação legal, que se baseia no "estatuto" e da dominação carismática, que se baseia na "devoção afetiva à pessoa do senhor e a seus dotes sobrenaturais (carisma)", a dominação tradicional se estabelece "em virtude da crença na santidade das ordenações e dos poderes senhoriais de há muito existentes" (WEBER, 1986, p. 131). A dominação tradicional, geralmente resultada da rotinização do carisma, pode ser patriarcal ou patrimonial. Segundo Weber, aqui se estabelece uma relação de fidelidade entre "senhor" e "súditos" ou "servidores". "Obedece-se à pessoa em virtude de sua dignidade própria, santificada pela tradição: por fidelidade" (WEBER, 1986, p. 131). Quando se constitui um corpo administrativo ligado ao chefe por laços de fidelidade pessoal, temos o patrimonialismo. (Cf. COHN, 1986; WEBER, 1986; GIDDENS, 1990; MILLS e GERTH, 1982.)

cultura ilustrada do ensino clássico que ganhou fôlego a partir dos séculos XVIII e XIX.

A educação especializada corresponde à estrutura de dominação racional-legal, e uma e outra vêm associadas ao processo de racionalização e burocratização das sociedades contemporâneas. O produto social desse tipo de educação, que resulta de um processo seletivo pela escola, é o expert, o burocrata. Assim como o homem culto se caracteriza pela posse de um particular sistema de hábitos, valores e códigos de conduta, o que não necessariamente está ligado à instrução explícita, o especialista ou expert constitui um produto da instrução e se define socialmente pelos saberes concretos. O especialista é o funcionário a serviço das grandes corporações, sejam elas grandes máquinas partidárias, empresas de produção de bens materiais ou empresas de bens de salvação religiosa. A educação especializada, diz Lerena, tem a intenção de instruir o aluno para que adquira habilidades práticas com fins administrativos (LERENA, 1985, p. 155).

A educação carismática, típica do guerreiro e do sacerdote, tem o propósito de estimular o carisma, isto é, qualidades heróicas ou dotes mágicos. Ela se propõe a despertar qualidades humanas consideradas como estritamente pessoais, ou seja, não transferíveis e pertinentes à esfera do extracotidiano. O líder carismático é um personagem considerado extraordinário, cujos seguidores lhe atribuem qualidades sobrenaturais ou excepcionais. Daí que a educação carismática é uma exclusividade para uns poucos escolhidos.

A educação segundo Marx

Entre todos os projetos construtivos edificados no século XIX, certamente o socialista foi o que maior repercussão atingiu tanto pelo posicionamento frente à ordem econômica, social, política e ideológica dominante, quanto pela forma de enfrentamento que estabeleceu para superar essa ordem. Marx e Engels debateram e denunciaram incansavelmente o aprofundamento das contradições do capitalismo, a miséria dos trabalhadores, o aviltamento das condições de trabalho, a alienação. O primeiro ato desse movimento era a conquista do poder político pelo proletariado. É essa a aposta que Marx faz no proletariado como classe revolucionária capaz de tomar de assalto o Estado e instituir a ditadura necessária à transição ao comunismo.

A ditadura do proletariado supunha necessariamente a tomada do poder pela força e o exercício de uma nova direção político-social. A mais radical transformação a ser posta em curso era a coletivização ou estatização de todos os meios de produção, o que significava ruptura total com a propriedade privada, fonte de toda desigualdade entre os homens segundo Marx. Por extensão, dever-se-ia estabelecer os mecanismos necessários ao ajustamento da ordem sociocultural à nova forma de propriedade. Todas as instituições sociais, todas as representações, todos os aparatos jurídico-políticos deveriam ser submetidos a essa radical mudança. Portanto, a nova escola na qual deveriam se formar as novas gerações, em conformidade com os novos pressupostos, deveria estar submetida ao controle total do Estado.

Seu desiderato era a realização plena dos homens tanto naquilo que se refere às condições materiais de existência quanto no que se refere à sua realização intelectual. Para Marx, o homem educado é o homem livre e o homem livre é aquele que prescinde da tutela ideológica, seja ela política ou religiosa. Entender que os homens são um produto das circunstâncias significa entender também que as circunstâncias devem ser "modificadas pelos homens e que o próprio educador deve ser educado", como diz ele na terceira tese sobre Feuerbach. Se a escola burguesa era parte do aparato da superestrutura do modo de produção capitalista, ela nada poderia fazer senão reproduzir a ideologia do sistema no qual está inserida. Para Marx, portanto, a mudança do sistema não passa pela escola, mas pela desestruturação do modo de produção capitalista.

Aliás, ao falar de educação, Marx dedicou poucas palavras à escola. Sua concepção de educação passa necessariamente pelo mundo do trabalho, que constitui efetivamente os elementos materiais da formação humana. Marx não seria partidário de uma escola de tempo integral, a menos que parte

INTRODUÇÃO À SOCIOLOGIA DA EDUCAÇÃO

desse tempo estivesse efetivamente ligada a alguma atividade produtiva. Toda a sua discussão sobre educação passa necessariamente pela indissociável união entre a dimensão prática do trabalho e o exercício intelectual levado a efeito para a compreensão dos seus processos. A essa união entre prática e reflexão sobre a prática deveria se somar a educação física como componente importantíssimo na formação de um corpo física e intelectualmente saudável.

Ninguém foi tão severo quanto Marx na denúncia da exploração do trabalho infantil. Mas é provável que ele ficaria desapontado se presenciasse, como nos dias atuais, a intensa campanha contra o trabalho infantil. Certamente ele diria algo semelhante ao que disse sobre os trabalhadores que, em protesto contra as condições de trabalho, quebravam as máquinas, naquele movimento conhecido como ludismo.[5] Segundo Marx, esses trabalhadores não sabiam distinguir a máquina em si dos usos que delas eram feitos. Do mesmo modo, Marx diria, então, que a luta não é contra o trabalho infantil, mas contra a exploração do trabalho infantil. Para Marx, trabalho é toda ação humana que resulta do uso da capacidade física e intelectual para agir no mundo. O homem, como ser no mundo, se faz homem pelo trabalho. E essa aprendizagem deve começar desde tenra idade.

No bem documentado *Educação, saber, produção em Marx e Engels*, Maria Alice Nogueira (1990) faz ampla discussão sobre o modo como esses autores trataram da relação entre educação e trabalho como elementos fundamentais da formação humana, isto é, da dimensão formativa do trabalho. Segundo a autora, o *Relatório Oficial do Congresso de Genebra*, o primeiro da Associação Internacional dos Trabalhadores, realizado em 1866, "constitui o único texto em que Marx toma, explicitamente, a educação por assunto e tema central de reflexão." Apesar de longo, esse relatório será transcrito na íntegra.

---

[5] Liderados por Ned Ludd, na primeira metade do século XIX, trabalhadores ingleses quebravam máquinas em protesto porque viam na mecanização a fonte do desemprego e da miséria que acompanhava a formação do capitalismo.

Trabalho dos adolescentes
e das crianças de ambos os sexos

Por adulto, entendemos toda pessoa que já completou 18 anos.

Consideramos a tendência da indústria moderna a fazer com que crianças e adolescentes dos dois sexos cooperem no grande movimento da produção social, como um progresso e uma tendência legítima e razoável, ainda que o reino do capital tenha feito disto uma abominação. Numa sociedade racional, qualquer criança, desde os nove anos, deve ser um trabalhador produtivo, assim como nenhum adulto, de posse de todas as suas faculdades, pode-se isentar dessa lei geral da natureza. Se quisermos comer, é preciso trabalhar, e não somente com o nosso cérebro mas também com as nossas mãos. Entretanto, no atual momento, só devemos nos ocupar das crianças e jovens das classes trabalhadoras. Julgamos útil dividi-los em três categorias, que devem ser tratadas de modo diferente.

A primeira categoria compreende as crianças entre nove e 12 anos, a segunda as de 13 a 15 anos, e a terceira os jovens de 16 e 17 anos. Propomos que a utilização da primeira categoria em qualquer tipo de trabalho, na fábrica ou a domicílio, seja legalmente restrita a duas horas diárias; a da segunda categoria a 4 horas, e a da terceira a seis horas. Para a terceira categoria, deve haver uma interrupção, de pelo menos uma hora, para refeição e recreação.

Seria desejável que as escolas elementares começassem a instrução das crianças, antes da idade de nove anos. Mas, no momento, só devemos pensar nas medidas absolutamente necessárias para contra-arrestar as tendências de um sistema social que degrada o operário, a ponto de torná-lo um mero instrumento para a acumulação do capital; e que, fatalmente, transforma os pais em mercadores de escravos que vendem os seus próprios filhos. O direito das crianças e dos adultos deve ser defendido, uma vez que eles não podem fazê-lo por si mesmos. É, portanto, dever da sociedade agir em seu nome.

Se a burguesia e a aristocracia são negligentes em seus deveres para com seus descendentes, é um problema delas. Desfrutando do privilégio de membros dessas classes, essas crianças estão condenadas também a padecer dos seus preconceitos.

O caso da classe operária é bem diferente. O trabalhador não age livremente. Frequentemente, ele é muito ignorante para compreender qual é o verdadeiro interesse do seu filho, ou as condições normais do desenvolvimento humano. No entanto, a parte mais esclarecida da classe operária compreende plenamente que o futuro da sua classe e, por conseguinte, da espécie humana, depende da formação da geração operária que cresce. Ela compreende, antes de mais nada, que as crianças e os adolescentes devem ser preservados dos efeitos destruidores do sistema atual. E isto só pode se realizar pela transferência da razão social em força social; o que, nas circunstâncias presentes, só pode ser feito através de leis gerais impostas pelo poder do Estado. Ao imporem tais leis, as classes operárias não estarão fortalecendo o poder governamental. Ao contrário, elas estarão transformando o poder dirigido contra elas, em seu agente. O proletariado fará, então, através de uma medida geral, aquilo que ele tentaria, em vão, realizar através de uma profusão de esforços individuais.

Por isso, declaramos:

A sociedade não pode permitir nem aos pais, nem aos patrões, o emprego de crianças e adolescentes para o trabalho, a menos que se combine o trabalho produtivo com a educação. Por educação nós entendemos três coisas:

1) educação mental;
2) educação corporal, tal qual é produzida pelos exercícios ginásticos e militares;
3) educação tecnológica, compreendendo os princípios gerais e científicos de todos os processos de produção e, ao mesmo tempo, iniciando as crianças e os adolescentes no manejo dos instrumentos elementares de todos os ramos industriais.

À divisão das crianças e adolescentes em três categoriais, de nove a 18 anos, deve corresponder uma marcha gradual e progressiva em sua educação mental, física e tecnológica.

Os gastos dessas escolas técnicas devem ser cobertos, em parte, pela venda dos seus produtos.

Essa combinação do trabalho produtivo pago com a educação mental, os exercícios corporais e a aprendizagem politécnica, elevarão a classe operária bem acima do nível das classes burguesa e aristocrática.

Fica subentendido que o emprego de criança ou adolescente, entre nove e 18 anos em qualquer tipo de trabalho noturno, ou em qualquer ramo industrial que possa acarretar efeitos nocivos para a saúde, deve ser severamente proibido pela lei (Marx *apud* Nogueira, 1990, p. 147-148).

A maior parte da bibliografia sobre a educação em Marx centra-se nessa dimensão formativa do trabalho. Ele é o elemento-chave da transformação da realidade e se quiser transformar o mundo, é pelo trabalho que isso será feito, ainda que, em Marx, deve-se destacar a tese segundo a qual a teoria pode se transformar em força material e, por essa via, orientar efetivamente a luta por transformação das circunstâncias.

Esse é um tema amplamente abordado por Miguel Arroyo (1991) em um sofisticado texto em que analisa os elementos materiais da formação humana. Trata-se de texto polêmico, em que o autor suspeita de muitas das mais importantes contribuições intelectuais sobre o tema em questão. Entre essas contribuições contestadas estão aquelas que se sustentam na "negatividade do trabalho" (Braverman, 1987; De Decca, 1982), e aquelas que veem algo educativo apenas na resistência às manifestações deformadoras do trabalho (Aplle, 1989; Giroux, 1986; Willis, 1991).

Em outras palavras, enquanto os primeiros veem o trabalho moderno como um princípio destrutivo, deformador e antipedagógico, os outros põem o educativo não no trabalho produtivo, mas sim na resistência a ele. Sobre a negatividade do trabalho, Arroyo cita Edgar de Decca, para quem "de todas as utopias criadas a partir do século XVI, nenhuma se realizou tão desgraçadamente como a sociedade do trabalho" (Arroyo, 1991, p. 182).

Após criticar uns por pretenderem girar para trás a roda da história e outros pelo romantismo com que pretendem ver a resistência ao capitalismo, Arroyo faz uma firme defesa da "positividade educativa do trabalho moderno", destacando os elementos materiais da formação humana.

> A formação politécnica que os trabalhadores modernos têm acumulado, o conhecimento das bases científicas e tecnológicas da produção e a capacidade de trabalhar com o cérebro e com as mãos, a onilateralidade que vêm desenvolvendo, têm vindo mais do trabalho e da inserção na produção fabril que da escola. [...] Qualquer saudosismo e qualquer caminho de volta às formas passadas de trabalho como o ideal do trabalho formador é utopia, como é utopia sonhar em novos conteúdos politécnicos na escola, ou no aumento das capacidades teóricas e práticas para salvar o trabalhador da deformação da produção capitalista (ARROYO, 1991, p. 209).

Isso não nos impede de discutir o papel da escola e tentar fazer dela um lugar atrativo e relevante para a educação dos nossos alunos. Mas as próprias concepções de trabalho que circulam no senso comum deixam claro o quanto a escola está distante do grande ideal de reconstrução social que ela mesma ajudou a construir.

CAPÍTULO V ....

Escola

Introduzida a discussão sobre comunidade, sociedade, cultura e educação vamos agora encerrar esse começo de conversa falando sobre a escola. Vamos tentar entrar nessa instituição e analisar como se dão – em alguns casos, como deveriam ser – as relações entre os públicos escolares e as comunidades que a escola atende.

Em alguns momentos veremos nela mais que ensino e instrução. Veremos educação, no sentido atribuído por Durkheim: uma geração adulta efetivamente educando novas gerações para o trabalho e para a vida. Em outros momentos veremos muita instrução e ensino, mas pouca educação. Em outros veremos omissão e em outros, ainda, pura e simplesmente deseducação. Ou alguém acha que pode ser chamada de instituição educacional uma escola que vende diplomas?

Primeiramente, vamos olhar para a escola e entendê-la em suas relações de trabalho. Posteriormente, vamos olhar para os públicos escolares e como se dão as relações entre eles e entre eles e a sociedade mais ampla. Por último, perguntaremos pelo lugar da escola na estrutura social e dos profissionais do ensino na educação, isto é, como a escola constitui ou não uma instância educadora e como os professores se constituem – ou deveriam se constituir – como mediadores culturais na escola.

Você trabalha ou estuda?

Observe como, de modo geral, as pessoas se referem à escola em relação ao trabalho. Certamente você mesmo já perguntou a alguém ou alguém já perguntou a você: "você trabalha ou estuda?". Pode ser que, em resposta, você possa dizer que só "trabalha" ou só "estuda". Pode ser, também, que você diga que o batente é mais pesado: "trabalha" e "estuda". É até possível que você conheça aquela pergunta de gosto mais que duvidoso que circula amplamente em tom de brincadeira séria: "a sua mãe não trabalha, só dá aulas?".

É curioso como o senso comum formulou entre nós uma concepção de "estudo" como não trabalho, o que não é difícil entender. A palavra "trabalho" vem do latim vulgar *trípālíāre*, que é o mesmo que torturar com o *trípālíum*, que quer dizer instrumento de tortura. O sentido original da palavra "trabalho", portanto, diz respeito ao sofrimento, ao castigo, à tortura. Mas nós encontramos essa visão de trabalho como sofrimento e castigo também na matriz religiosa da cultura judaico-cristã. Afinal, não está nas Sagradas Escrituras a descrição de que Deus, por punição pelo pecado, condenou sua criatura a ganhar o pão com o suor do próprio rosto?

Já a palavra "escola", vulgarmente conhecida como lugar onde se "estuda", tem sentido bem diferente. Originária do latim *schola*, que por sua vez deriva do grego *scholé*, escola significava ócio dedicado ao estudo, ocupação literária. Ou seja, somente podia ir para a escola ou dedicar-se ao cultivo do espírito quem fosse ocioso, isto é, aquele que estivesse livre do *trípālíum*.

O tempo passou e a concepção de "trabalho" mudou radicalmente. Do sentido original de sofrimento e castigo ficou a crítica marxista à forma alienada de trabalho no sistema capitalista. Foi com a ética calvinista, a partir da Reforma Protestante, no século XVI, que começou a haver um deslocamento do sentido original de punição e tortura para uma concepção de trabalho como vocação, esforço e recompensa. Para os calvinistas a recompensa do trabalho incessante e da riqueza acumulada pelo trabalho era o Reino dos Céus. O trabalho, dizia Calvino, dignifica e enobrece o homem, e o resultado do trabalho bem realizado poderia ser indício de manifestação da Graça divina. Ao trabalho, portanto, porque o ócio é o maior dos pecados!

Entretanto, apesar de a escola moderna ter nascido contemporaneamente à afirmação do calvinismo na Europa, de essa escola ter se constituído como um espaço de disciplina, organização e método, ela não se livrou do entendimento original de lugar do ócio, o avesso do trabalho. Entre nós essa imagem é ainda muito forte, inclusive porque até recentemente a escola era lugar apenas daqueles que não precisavam investir grande parte do seu tempo na provisão da subsistência e porque é frágil a nossa herança calvinista. Quais as implicações disso?

Em primeiro lugar, deve-se ter clareza de que os exercícios de reflexão, produção e sistematização de conhecimento são trabalho, e trabalho pesado, trabalho intelectual-braçal! Como ainda é frágil essa percepção, prevalece entre nós uma sumária desvalorização do trabalho pedagógico como trabalho intelectual produtivo. Podemos observar que há um paradoxo no debate sobre educação e escola no Brasil manifesto num amplo discurso que diz valorizar a educação como instrumento fundamental de reconstrução social, mas num contexto de intensa precarização das condições de trabalho docente, de desvalorização do professor como profissional da educação, de uma cultura escolar assentada na concepção de magistério como sacerdócio, tudo isso combinado com um brutal estado de desigualdades sociais e econômicas.

Em segundo lugar, é preciso desvincular a produção de conhecimento dos usos imediatos que dele são feitos. É forte entre nós uma visão impregnada de um pragmatismo mecanicista que não vê sentido em se ocupar com questões que não se ligam ao imediatamente vivido. No mundo das sociedades sem escolas a educação está voltada para o atendimento de necessidades imediatas, mas as sociedades modernas exigem mais que a solução de problemas imediatos. Quanto maior o espaço de mobilidade geográfica (trânsito entre ambientes diferentes) e de mobilidade social (trânsito entre diferentes esferas sociais) menor é o domínio do tipo de questão que cada qual vai enfrentar logo adiante. No mundo globalizado, esses problemas estão sempre se renovando e a reflexão sistemática é a única forma de se preparar para enfrentá-los. Nesse contexto, a produção e sistematização de conhecimento não podem ficar restritas às necessidades imediatas, o que resultaria inevitavelmente no seu empobrecimento, reduzido a mera informação mercadológica, instrumento utilitário das ações conjunturais.

Em terceiro lugar, é forçoso reconhecer que o trabalho é ação e reflexão sobre a natureza e sobre nós mesmos. Ora concentramos os componentes do trabalho nas atividades físicas e mecânicas, ora os concentramos nos elementos intelectuais, ou ainda acumulamos as duas dimensões do trabalho. Não se pode diminuir a importância do trabalho intelectual para o entendimento das complexas teias de relações que se estabelecem no mundo moderno. Compreender essas teias não é apenas entender como as ideias se relacionam, mas sobretudo entender qual é o mundo do qual essas ideias brotam e como elas podem ou não exercer influências nele.

A formação docente

Levando-se em conta esses elementos, em que consiste então a formação docente? Qual é o significado de alguns termos do campo pedagógico, como profissão, professor, docente, magistério, licenciatura?

Profissão é uma palavra fortemente carregada de sentido religioso. Ela pode significar uma ocupação, um ofício que alguém exerce com o objetivo de obter os recursos necessários à sua subsistência e a de seus descendentes. Mas profissão é, também, o ato de professar uma crença, uma religião, um sentimento, uma opção política. A profissão de fé é a declaração pública que alguém faz de suas crenças religiosas, é a declaração solene que a comunidade religiosa faz publicamente quanto à sua intenção de continuar como membros efetivos da Igreja.

Quando a profissão é professor, diz-se que seu ofício é professar uma crença, um conhecimento sobre algum assunto sobre o qual deve se constituir como autoridade. Como expressão de reverência, associa-se o professor ao mestre, o *magíster*. Mestres de ofício eram os peritos que formavam as novas gerações de trabalhadores na época das corporações medievais. Com o advento

INTRODUÇÃO À SOCIOLOGIA DA EDUCAÇÃO

do mundo moderno e da escola como lugar de formação, coube ao professor – o mestre – formar todos os outros profissionais.

Mas observe que, irônica e paradoxalmente, mesmo ocupando um lugar central nessa instituição central do mundo moderno, esse profissional formador de todos os outros profissionais perdeu muito do prestígio de que já gozou. Essa situação é variável de acordo com o lugar e o tempo, mas podemos observar como Durkheim, que não era nenhum religioso, se referiu a ela 100 anos atrás, mais precisamente, em 1904-1905, em um curso que ministrou sobre *História do Ensino Secundário na França*. Cem anos depois, a condição docente na França melhorou muito, pelo que vários estudos indicam. No Brasil, entretanto, boa parte da herança pedagógica de Durkheim parece ter ficado pobremente restrita ao otimismo pedagógico e à associação do magistério ao sacerdócio. Observemos suas palavras:

> Consequentemente à confusão intelectual na qual se acha, dividido entre um passado que está morrendo e um futuro ainda indeterminado, o ensino secundário não manifesta a mesma vitalidade, a mesma vontade de viver que outrora. A antiga fé na persistente virtude das letras clássicas ficou definitivamente abalada. Até aqueles cujo olhar se volta com a maior facilidade para o passado sentem muito bem que algo mudou, que nasceram necessidades que devem ser satisfeitas. Mas, por outro lado, ainda não surgiu nenhuma fé nova para substituir a que está desaparecendo. A missão de um ensino pedagógico é precisamente a de ajudar na elaboração dessa nova fé e, portanto, de uma vida nova, pois uma fé pedagógica é a própria alma de um corpo docente (DURKHEIM, 1995, p. 16).

Como se vê, Durkheim identificava uma crise na escola secundária francesa do seu tempo e pretendia estimular nos professores um novo entusiasmo em relação ao trabalho pedagógico. Não porque estivesse investido de um sentimento religioso, mas porque compartilhava do entusiasmo da República e das potencialidades construtivas das ciências sociais. Ele acreditava que, assim, poderiam ser superadas relações sociais em crise e que uma

COLEÇÃO BIBLIOTECA UNIVERSITÁRIA

educação bem orientada pela nova ciência social que edificava poderia promover a reconstrução da sociedade.

Contudo, considerando-se os termos com os quais ele constrói os seus argumentos em defesa dessa *fé nova* de que deveria se revestir a função docente, torna-se claro que ele os tira do discurso religioso: *velha fé, nova fé, fé pedagógica, missão, alma*. Em decorrência da influência positivista na conformação do aparato burocrático-institucional da República e na nossa organização escolar, cá entre nós constituiu-se, com o tempo, uma forte crença na escola e no papel a ser desempenhado pelo professor.

A profissão do professor, cujo conjunto forma o corpo docente, é a docência, que é a ação de ensinar, de exercer o magistério. Docência e magistério também são termos oriundos do campo religioso. No Direito Canônico, docente diz respeito ao corpo dos que estão no governo da Igreja ou no ensino da doutrina cristã, enquanto magistério refere-se à autoridade moral, intelectual e doutrinal do alto clero da Igreja católica, como seu corpo magisterial ou ministerial. De ministério sacerdotal, como ofício religioso, para o magistério escolar, como ofício do professor, foi um pulo. Durkheim analisa de modo exemplar o modo como essa herança religiosa impregnou o discurso pedagógico, mesmo com a reivindicação da laicidade da escola do Estado sob governo republicano (DURKHEIM, 1995).

Não se deve deduzir daí que o exercício do(a) professor(a) deva ser a profissão de fé numa crença como a religiosa. Nem é adequado que se continue tomando o magistério por sacerdócio. Mesmo que se tenha o exercício da docência como um ato de confiança na possibilidade do conhecimento e dele como fator de intervenção consciente na realidade, isso deve expressar mais um comprometimento com o público a quem se pretende ensinar que uma profissão de fé naquilo que ensina. Em outras palavras, deve-se ver no exercício da docência a realização daquilo que faculta a licenciatura.

A licenciatura é uma licença, ou seja trata-se de uma autorização, permissão ou concessão dada por uma autoridade pública competente para o exercício de uma atividade

INTRODUÇÃO À SOCIOLOGIA DA EDUCAÇÃO

profissional, em conformidade com a legislação. [...] O diploma de licenciado pelo ensino superior é o documento oficial que atesta a concessão de uma licença. No caso em questão, trata-se de um título acadêmico obtido em curso superior que faculta ao seu portador o exercício do magistério na educação básica dos sistemas de ensino, respeitadas as formas de ingresso, o regime jurídico do serviço público ou a Consolidação das Leis do Trabalho (CLT).[6]

Atualmente, no Brasil, o diploma de licenciado é conferido aos concluintes dos percursos de formação que habilitam para o exercício do magistério na educação básica. Os cursos de Pedagogia habilitam para atuação na educação infantil e/ou nas etapas inicias da educação básica, enquanto os outros cursos de licenciatura habilitam cada qual para o ensino de uma disciplina nas etapas finais da educação básica (segunda etapa do fundamental e ensino médio). Não há exigência de diploma de licenciado para exercício da docência no ensino superior.

Essa exigência de formação para os professores da educação básica variou, é claro, com as demandas trazidas pelo próprio processo de escolarização. Inicialmente, as preocupações relativas à formação profissional se limitavam aos que iriam atuar na escola primária e essa formação era realizada na Escola Normal. As primeiras Escolas Normais brasileiras foram criadas em meados do século XIX (Niterói e Ouro Preto, em 1835; Salvador, em 1836; São Paulo e Fortaleza, em 1846) e ficaram sob a responsabilidade da Província na qual estavam situadas. No final do século XIX e início do século XX, a maior parte dessas Escolas Normais se constituía como internatos religiosos sob a responsabilidade de ordens e congregações religiosas (LOPES; BICALHO, 1993; SOUZA, 2000).

Desde a sua origem, no final do século XVIII, a Escola Normal estava associada à formação dos professores e à definição dos papéis que eles deveriam desempenhar na escola primária. Ela deveria se dedicar total e unicamente ao estudo da norma, da direção, das formas e dos procedimentos mais adequados para

---

[6] Parecer CNE/CP 28/2001, p. 2.

poder instruir e educar os alunos da melhor maneira possível (GUZMÁN, 1986 *apud* DURÃES, 2009). A Escola Normal teria se constituído originalmente na Alemanha, de onde se expandiu para a França e, de lá, para o restante da Europa e de todo o globo. Ela não apenas deveria estabelecer a norma docente, mas estava para a instrução pública assim como a Igreja estava para a afirmação da crença religiosa.

> La escuela normal de primera enseñanza es para los aspirantes al magisterio, lo que los seminarios conciliares para los aspirantes al sacerdocio. El magisterio, en efecto, viene a ser un sacerdocio que requiere particular preparación, una especie de noviciado para instruirse [...] No basta ser sabio; es preciso además ser profesor, es decir, se necesita poseer es preciso secreto de transmitir a los demás los preceptos, hasta los más áridos, no solo de modo que los comprenda la inteligencia, sino que cautiven el corazón (CARDERERA, 1886, *apud* DURÃES, 2009, p. 18).

A expansão dos processos de escolarização para além do primário levou à necessidade de ampliar, também, os percursos de formação dos professores. No Brasil, essa expansão começou a acontecer a partir de meados do século XX. A partir dos anos 1940, quando começaram a ser criados os cursos de Pedagogia, neles foram criados também um Departamento de Didática ao qual cabia a responsabilidade pela formação pedagógica dos futuros professores. Esse formato ficou conhecido como "modelo 3–1", que consistia em acrescentar um ano de formação didática aos que já possuíam um diploma de bacharel. Somente a legislação produzida pós Lei de Diretrizes e Bases da Educação Nacional de 1996 (LDBEN 9394/96), trouxe modificações significativas a esse respeito.[7]

Trabalho docente e mediação cultural na escola

Feita essa rápida discussão sobre a formação docente, vamos analisar agora como se dão algumas relações entre os diversos

---

[7] Para uma análise mais detalhada sobre as inovações trazidas pela LDBEN consultar SOUZA, 2014a.

públicos escolares no interior da escola e como os professores se constituem – ou deveriam se constituir – como mediadores culturais.[8] Em qualquer circunstância, o trabalho docente deve expressar uma autoridade pedagógica – ou, então, não ultrapassa o jogo do faz de conta. E qualquer que for a autoridade pedagógica do professor, ela deverá estar sempre numa relação de diálogo com os sujeitos socioculturais que estão na escola, sejam a direção e os demais funcionários, sejam os estudantes e seus familiares. Já deve estar claro, porém, que, ao discurso genérico que aponta educação e escola como fatores de reconstrução social, se contrapõe a realidade concreta, com suas contradições, seus confrontos, conflitos, dissensos e disputas pelo poder.

Observemos uma situação concreta em que isso se verifica. Até o final dos anos 1980 em Minas Gerais (e até nossos dias em vários estados do país), os diretores de escola da rede estadual eram escolhidos por indicação política. Em decorrência disso, um político de determinada região tinha seu prestígio medido, por exemplo, pela capacidade de indicar e manter uma diretora no cargo. E muitos políticos tradicionais se mantiveram no poder em função de um tipo de mando legitimado dentro da própria escola. Mas não foram raros os casos em que políticos de lados opostos fizeram da direção da escola seu instrumento de luta pelo poder local.

Começou a emergir, então, um movimento de defesa da eleição direta para a direção da escola. Foi se tornando cada vez mais claro que havia uma contradição entre o que a escola pregava e o que ela fazia. Afinal, desde há muito tempo, reivindicava-se da escola que ela se constituísse em instrumento de formação do cidadão e construção da democracia. Como a escola poderia ser moderna se ela continuava se curvando ao tradicionalismo político? Onde estava a sua autonomia? Que cidadãos autônomos, livres e participativos iria formar se ela própria não era democrática?

---

[8] Uma discussão mais sistemática a esse respeito pode ser encontrada em SOUZA, 2014b.

COLEÇÃO BIBLIOTECA UNIVERSITÁRIA

A eleição do diretor, apesar do difícil exercício de aprendizagem, foi e tem sido um elemento importante na luta pela construção da democracia no interior da escola e de busca de representatividade da comunidade escolar. É claro que esse processo tem reproduzido muitos dos vícios políticos vigentes na sociedade como um todo, como pouca ou nenhuma transparência no processo eleitoral, escolha de uma direção pouco representativa e diversas formas de corrupção. É claro, também, que a democracia na escola não se resume à escolha da direção. Mas não há dúvida de que ele tem significado a oportunidade de se discutir, pensar e organizar novas formas de gestão escolar com boas repercussões dentro e fora da escola.

A eleição da direção da escola amplia as chances de a gestão escolar se realizar de modo mais cooperativo. Por cooperação, entende-se uma forma de organização do trabalho, seja manual ou intelectual, na fábrica ou na escola, em casa ou fora dela, em que a produção de bens, serviços ou ideias não resulta do trabalho de um único indivíduo, mas de uma coletividade organizada.[9]

Na sala de aula ou em outros espaços da vida social estamos sempre tendo a oportunidade de verificar como se dá ou não a cooperação entre os agentes. Da mesma forma, observamos como ela pode ou deve ser desenvolvida. Em alguns casos, essa cooperação resulta da espontaneidade dos indivíduos, isto é, do fato de eles se manifestarem por predisposição intrínseca. Ela resulta do desejo que cada um tem de participar, de cooperar para que os objetivos estabelecidos para um projeto sejam alcançados.

Em outros casos, alguns componentes do grupo não se dispõem espontaneamente a participar do trabalho, mas apenas a conviver, aproveitar a oportunidade de "estar junto", partilhar da possibilidade de deixar passar o tempo na companhia de alguém. Podemos observar esse comportamento muito claramente no ambiente da escola, sobretudo entre adolescentes. Muitas vezes,

---

[9] Apesar de ainda pouca estudada, a gestão escolar é elemento fundamental da prática pedagógica e a atuação do(a) diretor(a) pode ser decisiva nos rumos que a instituição toma. Alguns estudos sobre gestão escolar podem se consultados em: DOURADO, 2011; LIBÂNEO, 2004; RESENDE, 1995; OLIVEIRA, 1997; OLIVEIRA e DUARTE, 1999.

o estudante não vai à escola motivado pelo trabalho pedagógico, mas porque ali ele encontra um ambiente favorável à constituição de um grupo com o qual se identifica, pois o relacionamento se torna facilitado pela proximidade das pessoas na sala, já que a convivência, ainda que não escape ao conflito, se torna favorecida.

Em determinadas circunstâncias, esses componentes podem ser mobilizados e motivados a participar das atividades do grupo, partilhando com ele, de modo mais intenso, tanto o planejamento quanto a execução das atividades. A opinião, que pode ser aceita ou não pelo grupo, é uma forma de participação. Ainda que a sala de aula não seja o único lugar da aprendizagem da participação, e nem se pode dizer que seja o melhor, ela possibilita uma oportunidade de fato para que os indivíduos sejam motivados a participar. O estímulo dado pelo professor à participação nos debates em sala de aula pode potencializar os estudantes, permitindo a eles uma consistente participação em outros espaços da vida coletiva.

A autoridade pedagógica é, portanto, o exercício da capacidade de exercer uma direção, seja na sala de aula, seja na escola. Alguém é capaz de exercer uma direção quando suas ideias e ações estabelecem as diretrizes do trabalho do grupo, independentemente do fato de ter sido ou não escolhido pelo grupo. Neste caso, o diretor faz o papel do chefe distribuindo tarefas, cobrando resultados, avaliando desempenho, porque está investido de uma autoridade pessoal, própria do cargo que ocupa, ou institucional, isto é, resguardada pela instituição. Ao trabalho que o diretor realiza na escola como um todo corresponde o trabalho que cada professor realiza na sala de aula.

Nas sociedades e repartições públicas ou privadas modernas o diretor ou chefe não se orienta apenas por determinadas habilidades pessoais, ainda que elas sejam relevantes, mas, sobretudo, pelo regulamento. Esse regulamento diz respeito a um conjunto de regras ou normas explícitas. A Constituição Federal é a Lei Máxima de um país. A Lei de Diretrizes e Bases da Educação Nacional (LDBEN) regulamenta a educação escolar em âmbito nacional. O estatuto é o conjunto de regras explícitas que regulamenta o funcionamento de uma instituição pública ou de uma associação de direito privado. Se essas normas caducam ou se se avalia que elas não são adequadas, devem ser modificadas e atualizadas. Mas se elas existem devem ser cumpridas, sob pena de submeter as pessoas a uma infinidade de normas que não tem validade alguma ou que não tem a mesma validade para todos. Para que o trabalho pedagógico se realize, o professor deve exercer efetivamente uma direção na sala de aula. Da mesma forma, o diretor deve exercer uma direção no coletivo da unidade escolar, o Secretário de Estado ou Ministro da Educação devem estabelecer as diretrizes da política educacional no estado ou no país, etc. Dito de outra maneira, espera-se que os pais exerçam uma direção sobre seus filhos, os professores sobre seus alunos, os pregadores sobre seus fiéis, os líderes políticos sobre seus seguidores, os governos sobre os cidadãos. Em casos que implicam uma relação de responsabilidade, como a dos pais em relação aos filhos, a dos professores em relação aos alunos, a dos governantes em relação aos cidadãos, o não exercício da direção é entendido como omissão. Essa omissão será, certamente, comprometedora das relações sociais – a despeito do desejo anarquista do autogoverno – uma vez que não existe sociedade na qual de alguma forma e em algum nível não haja direção.

Seria, porém, ingenuidade imaginar que a uma direção corresponde necessariamente uma obediência. Seja relativamente a um regulamento expresso em leis, seja relativamente a normas partilhadas no grupo, há sempre aqueles dispostos a desobedecê--las, burlá-las, contestá-las e subvertê-las. Isso acontece na família, na escola, na Igreja, na administração pública e até mesmo em instituições mais fechadas como Exército, conventos e prisões. Em qualquer circunstância, seja no exercício da direção ou da rebelião, algumas pessoas se destacam pela capacidade de dirigir um grupo e orientar a manutenção ou a mudança de comportamentos. Estamos falando da liderança, isto é, da capacidade que alguns indivíduos têm de exercer influência no comportamento do grupo, seja esse grupo uma classe social, os amotinados de um presídio, uma bancada parlamentar, um partido político, uma Igreja, uma comunidade local ou uma sala de aula.

Quem exerce o posto de diretor está imbuído da tarefa de fazer cumprir as normas e as leis – ou de comandar sua reforma

Introdução à Sociologia da Educação

sempre que forem consideradas insatisfatórias ou inadequadas. Quem exerce a liderança assume para si a tarefa de orientar comportamentos e recrutar seguidores. Em ambos os casos, diretores e líderes agem por meio da autoridade ou do autoritarismo. Direção e liderança expressam exercício da autoridade quando aquele que as exerce conta com o consentimento dos chefiados ou seguidores. Por algum motivo – idade, experiência, competência técnica, capacidade de liderança e negociação, ideias inovadoras, disposição, perseverança –, sempre haverá alguém estabelecendo diretrizes ou mobilizando esforços visando a atingir determinados objetivos. O exercício da autoridade resulta do reconhecimento individual ou coletivo de que aquele que a exerce o faz porque adquiriu a respeitabilidade que esse exercício exige.

Direção e liderança se realizam por meio do autoritarismo quando aquele que a exerce o faz à revelia do grupo de trabalho, da instituição em que atua, dos grupos que mobiliza ou da sociedade como um todo. O autoritarismo se sustenta principalmente no uso da força bruta ou da ameaça. Ele não se ocupa com a aceitação ou o consentimento, mas simplesmente se impõe. Como afirma Regis de Morais, "o autoritarismo é a doença da autoridade" (MORAIS, 1999, p. 24). Um governante é autoritário quando governa de acordo com os princípios estabelecidos por ele próprio ou apenas do grupo social que lhe dá sustentação política. Um líder também o é quando age à revelia dos seus seguidores.

Em um pequeno livro intitulado *Sala de Aula: que espaço é este?*, os autores apresentam uma consistente discussão sobre os temas. Merece especial atenção o artigo escrito por Regis de Morais apropriadamente intitulado "Entre a jaula de aula e picadeiro de aula", no qual ele descreve duas situações de sala de aula. Em uma, a sala de aula é comparada a uma jaula, em que estudantes são submetidos, inclusive pelo uso da força, a uma posição de inferioridade, de submissão absoluta à voz autoritária do professor, a uma prisão da qual não se pode escapar senão concedendo-se ao adestramento ou abandonando a escola. Na outra, a sala de aula se transforma num circo, em que a figura do professor simplesmente não existe ou existe apenas para se submeter ao autoritarismo dos alunos. Em

115

ambas, diz o autor, perde-se o sentido mais amplo daquilo que é a tarefa da escola – permitir que estudantes e professores caminhem juntos, compartilhando saberes e engrandecendo-se mutuamente pelo ato educativo e pela formação do humano.

Além de se constituir como espaço de mútuo engrandecimento de professores e estudantes, a escola deve ser espaço aberto ao diálogo com a comunidade que atende. Não se trata de imaginar que a escola deverá ser responsabilizada por resolver os problemas específicos da comunidade e da sociedade como um todo. Mas, certamente, uma abertura ao diálogo poderá potencializar o debate sobre esses problemas e tornar possível o compartilhamento de responsabilidades que são de todos: governos, escolas, profissionais do ensino, população em geral.

Dessa forma, pode-se pensar nesse conjunto de fatores como objeto de debate que deverá ser estabelecido em cada comunidade, em cada escola, em cada sala de aula. Cabe ao professor a tarefa de ser o mediador desse debate na escola. Por essa via, deve fazer desses fatores o mote para pensar a escola não como o lugar da realização do milagre da redenção de todos os problemas que nos afligem e angustiam. Mas que seja um lugar rico de possibilidades, em que professores e estudantes atuam juntos no sentido de efetuar trocas simbólicas e permitir o enriquecimento cultural no ambiente no qual estão inseridos. Há uma condição fundamental para que isso seja possível: os professores precisam ser muito bem formados e as condições de trabalho devem permitir a dignidade que o ofício requer.

Quaisquer que sejam as escolas, os níveis e as etapas com que se ocupam, os lugares onde se situam e os públicos aos quais atendem, elas devem ser pensadas na interação que estabelecem com a sociedade. A escola não é uma bolha isolada do ambiente sociocultural no qual está inserida. Os públicos escolares (professores, funcionários e alunos) são sujeitos socioculturais que trazem para a escola seus modos de ser, pensar e agir. Refletir sobre essas características dos públicos escolares é atitude fundamental de todos aqueles que se ocupam de fazer da escola um lugar saudável, rico de possibilidades de mútuo engrandecimento pela educação. Vamos aprofundar um pouco esse debate nas páginas a seguir.

SEGUNDA PARTE
Aprofundando o debate

A centralidade da escola no mundo moderno

Nos dias atuais, a educação se transformou em tema de todas as conversas. Em casa, na rua, no trabalho, nos espaços de lazer; nas rodas informais de bate-papo, nos debates acadêmicos e nas campanhas políticas; nos pequenos círculos ou nos grandes meios de comunicação de massa; em simples opiniões ou em análises sofisticadas; enfim, em todos os lugares e por diversos meios, todos expressam suas opiniões sobre educação. Pode-se dizer, então, que a educação se transformou em tema de debate público: todos têm algo a dizer sobre ela e não há dúvida de que é legítimo que isso aconteça.

Além do fato de todos terem algo a dizer sobre educação, outro elemento chama a atenção nessas conversas: tornou-se senso comum associar educação à modernidade, à transformação social e à formação do cidadão. Todos dizem que a educação é o elemento constitutivo do futuro; que sem educação nunca seremos modernos; que os países modernos atingiram seu alto grau de desenvolvimento porque investiram em educação; que a solução para os problemas da exclusão social, da marginalidade e da violência está na educação; que, enfim, a educação é a chave para a reconstrução social, a via segura para o progresso, a solução eficaz para as nossas mazelas, a redenção de todas as nossas misérias. E mais: quando se fala de educação, nesses termos, é da escola que se trata e é para os profissionais do ensino que se dirige a maior parte da responsabilidade pela expectativa de mudança.

Mas quais são os fundamentos dessa íntima associação entre educação e modernidade? O que é a modernidade? Quais são as possibilidades efetivas, mas quais são também os limites da educação – e, particularmente, da educação escolar – no contexto de desigualdades sociais e da diversidade cultural das sociedades contemporâneas? Qual é o lugar dos profissionais da educação escolar no contexto da dialética da modernidade, da modernização e do modernismo em tempos de globalização? Como efetivamente os professores podem se constituir como mediadores culturais na escola e contribuir para realizar, na prática, a grande promessa que, desde o início da Idade Moderna, foi atribuída à educação (ilustrar, formar o cidadão, habilitar o trabalhador, construir a democracia, garantir os direitos, transformar a realidade, promover o desenvolvimento)?

Como foi dito anteriormente, é positivo o fato de o debate sobre educação ter se tornado público e é legítimo que todos tenham uma opinião sobre o assunto. Mas não pode deixar de ser dito, também, que o senso comum tende a ser pouco rigoroso no debate dos assuntos vulgarizados e que há muito romantismo, ingenuidade e tendência a produzir falsas expectativas e simplificação de um tema por demais complexo. Como diria Durkheim (1990), educação é fato social que exige mais que opiniões para que seja apreendida na sua totalidade e que depende de ciência social com método apropriado e análise rigorosa para ser compreendida na sua complexidade.

Nesta segunda parte do livro tentarei aprofundar um pouco mais esse debate e trazer alguns argumentos que permitam uma leitura mais consistente sobre educação e escola no contexto da modernidade.

CAPÍTULO VI

Educação e modernidade

De fato, a educação estava no centro do projeto civilizatório da modernidade como meio de se realizar a emancipação humana. No entanto, se é possível simplificar o raciocínio para tornar o debate inteligível a um público mais amplo, a questão está longe de ser simples. Por qual ponto começar o debate para tornar possível uma conexão lógica entre a diversidade de fatores que compõem questão tão complexa? Talvez seja possível começar pela discussão da especificidade dos termos "moderno", "modernidade", "modernização" e "modernismo", tão amplamente empregados como sinônimos mas que muito longe estão de significar a mesma coisa.

Quando estudamos História, podemos observar na linha de tempo um período identificado como Idade Moderna, que vai do século XVI ao XVIII. É um longo período, que demarca intensas transformações no curso da civilização ocidental, entre elas a incorporação do Novo Mundo (colonização da América) e a passagem do feudalismo ao capitalismo. Dizemos, então, que a Idade Moderna demarca o nascimento do modo capitalista de produção e que o final desse período é delimitado pelas Revoluções Burguesas, das quais emergiu a questão social que exigiu a constituição da Sociologia como ciência social para lhe dar uma explicação. Algumas questões fundamentais, então, saltam à vista: o que é o moderno? E o que era moderno na Idade Moderna?

Segundo Teixeira Coelho, "em princípio, haverá tantas noções de moderno, modernismo e modernidade quantos forem os espaços e os tempos considerados" (COELHO, 1995, p. 20). Isso faz desses termos, algo de difícil definição. Escrevendo para a revista *Correio da UNESCO*, cuja temática central se localiza no questionamento:

O que é o moderno?, Yves Beavois e Alexandra Poulain afirmam que "só há modernidade em relação ao momento em que ela é enunciada" (BEAUVOIS; POULAIN, 1993, p. 10). A ensaísta egípcia Aya Wassef acrescenta que "o contrário do moderno não é o antigo, mas um novo de ontem já fora de moda" (WASSEF, 1993, p. 7). Segundo Jacques Le Goff, etimologicamente, a palavra "moderno" vem do baixo latim *modernus,* que é derivada dos radicais *modus/modo* (agora mesmo, recentemente) e *hodierno* ou *hodie* (hoje), significando a forma de se fazer algo hoje, de se estar na ordem do dia, de fazer e tornar-se novo (LE GOFF, 1994, p. 174). Essa formulação ganha maior clareza quando contraposta à união dos radicais gregos *an* e *chrónos,* isto é, o *anacrônico,* que significa a negação do tempo ou que tenha acontecido antes dos tempos de hoje. Desde a sua origem, por volta do século V, a palavra "moderno" significa a produção de algo novo em relação ao antigo, naquela época o mundo cristão em contraposição ao mundo pagão. Posteriormente, a partir da Idade Moderna, ser moderno passou a expressar a ação de criar e recriar, a cada momento, num constante e perpétuo movimento, tudo o que está ao alcance da mão e do pensamento humanos.

A palavra "modernidade" é muito mais recente, isto é, do final da Idade Moderna – alguns vão situá-la no século XIX –, e se refere à produção do novo em larga escala, num período de tempo cada vez mais curto, atingindo um número cada vez maior de pessoas, a cada momento com maior intensidade. No contexto das Revoluções Burguesas, que traziam novidades tanto no modo de produzir quanto de pensar, com a emergência de novas instituições, de valores, de atitudes, com novas formas de vivência do tempo, de apropriação do espaço e de organização do poder político, a modernidade passou a expressar, ao mesmo tempo, a percepção de que as pessoas partilhavam novas experiências (o mundo da cidade é visto como um brilhante mundo novo) e o desejo de que essas experiências fossem disseminadas para todo o mundo. Trata-se, nesse caso, de tomar a modernidade como projeto, isto é, de deslocar a predominante visão de um mundo submetido aos desígnios divinos para uma visão que concebe os homens como sujeitos da história. A ideia de progresso, tal qual conhecemos hoje, é herdeira dessa concepção de produção do novo.

Quais são os principais indicadores dessa modernidade que fazem da Idade Moderna um período tão inovador na história da humanidade? Respostas diversas podem ser dadas a essa questão tão simples no enunciado e tão complexa em suas implicações mais profundas. Apenas para efeito didático, serão tomadas as sínteses produzidas por dois autores – e poderiam ser tomados muitos outros – que nos ajudam a compreender alguns dos elementos mais significativos sobre o tema.

Primeiramente, veremos como a discussão sobre alguns eixos estruturantes nos permite uma primeira aproximação de alguns elementos constitutivos da modernidade. Em seguida, veremos uma abordagem histórica que nos permite entender como a modernidade ultrapassa a própria Idade Moderna e como a dialética da modernização e do modernismo está no centro da dinâmica social que faz do mundo onde vivemos um lugar em que já não é tão difícil perceber por que "tudo que é sólido desmancha no ar". Finalmente, veremos alguns dos elementos constitutivos do projeto civilizatório da modernidade e como a educação estava no centro desse projeto.

A tessitura da modernidade: chaves de leitura

Em *Raízes da Modernidade em Minas Gerais*, neste que é uma das melhores sínteses da história desse estado, João Antonio de Paula (2000) afirma que, por serem tão amplas as implicações da modernidade, é preciso algum "critério aglutinador" para que se fixe o que há de essencial no processo. E o que ele aponta como "uma primeira aproximação" ao que de fundamental a "tessitura da modernidade" produziu em significados e consequências pode ser identificado em quatro grandes eixos estruturantes, quais sejam: a formação do Estado Nacional moderno; a constituição de um mercado globalizado; a centralidade da razão instrumental na orientação do cálculo da relação entre meios e fins; a revolução cultural que fundamenta a modernidade como projeto.

Vejamos cada um desses elementos. À medida que cada um deles é explicitado, vai ficando mais clara a resposta à pergunta: o que era moderno na Idade Moderna?

Em primeiro lugar, tomemos o novo modo de organizar o poder, naquilo que ficou conhecido como Estado nacional moderno. Trata-se de uma forma específica de organização do poder

> [...]cujas características estabelecidas por Maquiavel talvez possam ser caracterizadas como a constituição de uma esfera de organização política, cujo poder normatizador-coercitivo é exercido por uma estrutura autônoma, apontando decisivamente para a hegemonia do interesse público sobre os interesses privados. São essas promessas do "Estado moderno" que fizeram dele uma das instituições centrais da modernidade (PAULA, 2000, p. 16).

À organização do aparato burocrático-institucional do Estado moderno correspondeu a emergência de uma concepção de relação entre os homens sem precedentes na história da humanidade. Somente no Estado moderno tiveram lugar as ideias de democracia como valor universal e de cidadania como expressão do direito de todos, entre eles o direito à segurança, à liberdade e à educação. Ao Estado moderno foi atribuída a tarefa não apenas de normatizar as relações sociais, mas também de assegurar que os regulamentos estabelecidos deveriam ter a mesma validade para todos. Como muitos desses regulamentos entraram em choque com outro poder normatizador, o da Igreja, um dos elementos centrais da história da modernidade é a luta travada entre essas duas instituições pela disputa da hegemonia[10] no campo da cultura.

Em segundo lugar, tomemos a constituição de um novo modo de produzir e fazer circular mercadorias, isto é, a revolução trazida pela divisão do trabalho no processo produtivo, tal qual

---

[10] "A hegemonia é a capacidade de direção cultural e ideológica que é apropriada por uma classe, exercida sobre o conjunto da sociedade civil, articulando seus interesses particulares com os das demais classes de modo que eles venham a se constituir enquanto interesse geral". Ela busca estabelecer o "consenso nas alianças de classe, tentando obter o consentimento ativo de todos" (CURY, 1989, p. 48).

INTRODUÇÃO À SOCIOLOGIA DA EDUCAÇÃO

analisado na primeira parte deste livro, tomando como referência a leitura de Marx, e de como esse processo atinge um mercado mundial, efetivamente global.

> Trata-se, não de estabelecer a inexistência do mercado no que antecedeu à época moderna, senão que constatar a sua generalização, a universalização dos seus resultados, a sua virtual hegemonia sobre todas as relações econômicas, a transformação da terra, da natureza, do trabalho em mercadorias, as fantásticas possibilidades de aumento da produtividade do trabalho, criadas pela divisão técnica e social do trabalho e ressaltada pelos teóricos da economia política clássica (PAULA, 2000, p. 16).

Em terceiro lugar, a centralidade da "razão instrumental" na orientação do cálculo da relação entre meios e fins, tão bem analisada por Max Weber. Essa razão instrumental, que funda a filosofia e a ciência experimental modernas, provocou uma revolução filosófica, científica e tecnológica que passou a mudar radicalmente não apenas o modo de conhecer o mundo, mas sobretudo o modo como poderíamos interferir nele. Trata-se de uma época de ouro para a filosofia, que tem em René Descartes a referência fundamental de uma nova concepção de razão. Trata-se, igualmente, de uma era de ouro para a ciência, que tem como referências Francis Bacon, Galileu Galilei, Isaac Newton e muitos outros realizadores de grandes descobertas que revolucionaram as concepções até então vigentes sobre o universo e o lugar que ocupamos nele. Trata-se também de uma época revolucionária no campo da ciência e da tecnologia, particularmente em decorrência do advento e da utilização do telescópio e do microscópio como instrumentos que ampliaram a capacidade natural de observação, tanto em direção ao infinitamente grande e distante quanto em direção ao infinitamente pequeno, potencializando, de modo formidável, a nossa capacidade de compreender o mundo.

O que Max Weber analisou, para além de tudo aquilo que Marx já havia analisado com toda profundidade (revolução no modo de produzir e circular mercadorias, expropriação dos

COLEÇÃO BIBLIOTECA UNIVERSITÁRIA

camponeses como componente central da acumulação original de capital, concentração do capital e formação dos complexos agroindustriais, comerciais e financeiros), foi o elemento cultural que orientou o impulso calculado à ação. Na modernidade, emergiu a consciência de que havia não apenas uma nova concepção de razão, mas que sendo universal ela significaria, precisamente, o início de um esclarecimento e a possibilidade da emancipação, individual e coletiva, tão entusiasticamente reivindicados por Immanuel Kant. Desenvolvida em consonância com o Estado moderno, essa nova concepção de razão trouxe o impulso necessário à sua autonomização frente à esfera religiosa, o que trouxe consequências explosivas.

A análise de Weber buscou mostrar que há, produto de um encadeamento de circunstâncias não determinístico, uma particular revolução no campo "cultural", no Ocidente, nos séculos XIV, XV e XVI, cujo núcleo é a autonomização das esferas da ética, da ciência, e das artes dos contingenciamentos religioso-metafísicos que tinham predominado durante todo o período pré-moderno, e que, na prática, significou o aprisionamento daquelas esferas – o que posso fazer legitimamente, o que é a verdade, o que é a beleza – a uma ordem estática e hierárquica infensa ao novo, à transformação (PAULA, 2000, p. 16).

Em quarto lugar, a revolução cultural que fundamenta a modernidade como projeto. João Antonio de Paula limita-se a pontuar a "constituição da individualidade" e a "afirmação da separação entre a esfera pública e a esfera privada, na consolidação da subjetividade como critério de ação e aferição ética" (PAULA, 2000, p. 17). Mas são muitos os autores que centram suas análises sobre a modernidade exatamente naquilo que ela tem de afirmativo, de propositivo, de horizonte a ser visualizado e ao qual são remetidas as expectativas de que o futuro reservaria a bonança aos homens e mulheres de boas ações. Antes, contudo, de realizarmos essa discussão sobre a modernidade como projeto, vamos acompanhar, com Marshall Berman, uma análise histórica que nos permite entender como a dialética da modernização e do modernismo constitui um dos elementos centrais da experiência ambiental da modernidade.

A *tessitura da modernidade: dimensão histórica*

No excelente livro *Tudo que é sólido desmancha no ar*, o cientista político norte-americano Marshall Berman (1988) define a modernidade como o "conjunto de experiências compartilhadas por homens e mulheres em todo o mundo, hoje". Em texto de admirável rigor analítico, em que o autor combina sofisticação na abordagem do tema e vigorosa intensidade da prosa, ele apresenta uma ampla visão sobre o mundo moderno, situando os autores que expressaram, na arte e no pensamento, os processos de modernização em curso a partir da Idade Moderna, e aponta o modo como isso afeta as experiências vividas por homens e mulheres dentro do espaço ambiental da modernidade.

Para Berman, que recuperou de Marx e Engels a expressão que dá titulo ao livro, "ser moderno é viver uma vida de paradoxo e contradição. É sentir-se fortalecido pelas imensas organizações burocráticas que detêm o poder de controlar e frequentemente destruir comunidades, valores, vidas; e ainda sentir-se compelido a enfrentar essas forças, a lutar para mudar o *seu* mundo, transformando-o em *nosso* mundo" (Berman, 1988, p. 13). Segundo ele, a modernidade é, sobretudo, paradoxo, contradição, ambiguidade, incerteza e angústia. Ainda que a vida cotidiana peça e deseje segurança e tranquilidade, o que move a experiência ambiental da modernidade é uma perturbação contínua e ininterrupta.

> Existe um tipo de experiência vital – experiência de tempo e espaço, de si mesmo e dos outros, das possibilidades e perigos da vida – que é compartilhada por homens e mulheres em todo o mundo, hoje. Designarei este conjunto de experiências como "modernidade". Ser moderno é encontrar-se em um ambiente que promete aventura, poder, alegria, crescimento, autotransformação e transformação das coisas em redor - mas ao mesmo tempo ameaça destruir tudo o que temos, tudo o que sabemos, tudo o que somos. A experiência ambiental da modernidade anula todas as fronteiras

COLEÇÃO BIBLIOTECA UNIVERSITÁRIA

geográficas e raciais, de classe e nacionalidade, de religião e ideologia: nesse sentido, pode-se dizer que a modernidade une a espécie humana. Porém, é uma unidade paradoxal, uma unidade de desunidade: ela nos despeja a todos num turbilhão de permanente desintegração e mudança, de luta e contradição, de ambiguidade e angústia. Ser moderno é fazer parte de um universo no qual, como disse Marx, "tudo que é sólido desmancha no ar" (BERMAN, 1988, p. 15).

Como se vê, Berman remete sua concepção de modernidade para as experiências – "experiência de tempo e espaço, de si mesmo e dos outros, das possibilidades e perigos da vida" – compartilhadas pelas pessoas em todo o mundo, hoje. Nem todos os autores têm esse entendimento da modernidade, o que faz dessa uma discussão muito complexa. Para além da abordagem desse tema pelos diversos campos disciplinares – filosofia, artes, literatura, arquitetura, ciências sociais – autores de um mesmo campo nem sempre tem o mesmo entendimento do que seja "modernidade" e "modernismo". Isso é dito aqui apenas como advertência, posto que não é propósito deste livro fazer discussão exaustiva dessa temática, mas apenas identificar alguns dos elementos centrais da modernidade que nos permitam fundamentar sua relação com a educação.[11]

O exercício levado a efeito por Berman, repita-se, dos mais sofisticados, consiste em tentar mapear os diversos modos como as pessoas, em diferentes partes do mundo, têm vivido suas

---

[11] Não é esse certamente o significado que Charles Baudelaire ou Henri Lefebvre atribuem ao termo modernidade. O significado atribuído por Baudelaire refere-se ao campo estético e o de Lefebvre ao filosófico. Diz Baudelaire: "O prazer que retiramos da representação do presente não só provém da beleza de que se pode revestir, mas também da qualidade essencial de ser presente." O que é a modernidade, então? "A modernidade é o transitório, o fugidio, o contingente; é uma metade da arte, sendo a outra o eterno e o imutável." (apud LE GOFF, 1994, p. 189). Se, para Berman, a modernidade diz respeito ao conjunto de experiências ambientais compartilhadas por homens e mulheres em todo o mundo, hoje, não se explicitando a distinção entre modernidade e modernismo, para Lefebvre "a modernidade difere do modernismo, tal como um conceito em via de formulação na sociedade, difere dos fenômenos sociais, tal como uma reflexão difere dos fatos... A primeira tendência - certeza e arrogância - corresponde ao Modernismo; a segunda - interrogação e reflexão já crítica - à Modernidade. As duas, inseparáveis, são dois aspectos do mundo moderno" (apud LE GOFF, 1994, p. 189).

INTRODUÇÃO À SOCIOLOGIA DA EDUCAÇÃO

experiências nesse "turbilhão de permanente desintegração e mudança". Na verdade, diz ele, "um grande e sempre crescente número de pessoas vêm caminhando através desse turbilhão há cerca de quinhentos anos" (BERMAN, 1988, p. 15). Claro está que são experiências muito diferentes, caso sejam tomadas pessoas em períodos distintos de tempo ou em lugares distantes do núcleo irradiador do tipo de modernidade que adquiriu hegemonia ao longo desses quinhentos anos. Mas é como motor desse "turbilhão de permanente desintegração e mudança" que Berman situa a "modernização", isto é, o impulso que transforma o ambiente e leva as pessoas a compartilharem, a cada momento, novas experiências, num constante e ininterrupto processo de vir-a-ser.

Se a modernidade se refere à produção do novo em larga escala, a modernização se refere ao impulso transformador que leva as pessoas a compartilharem diferentes experiências a cada momento, num ambiente cada vez mais caracterizado por uma realidade em que "tudo que é sólido desmancha no ar". A partir do final do século XIX, com a consolidação do capitalismo, modernizar passou a significar universalizar o modo capitalista de organizar o poder, a produção e o saber, isto é, expandir o modo de organização do Estado moderno e de produção capitalista para todos os cantos do globo, num movimento que, a partir de então, passou a ser caracterizado como globalização.

A modernização é vista, portanto, como o motor que dá vida ao turbilhão de mudanças no contexto do modo de produção capitalista, ao qual corresponde um modo particular de organização do poder. A modernização passou a se associar, cada vez mais, à relação entre os países desenvolvidos e os subdesenvolvidos, uma relação em que estes últimos passaram a ser forçados a se organizar nos mesmos moldes daqueles. O impulso modernizador da organização do trabalho e da distribuição do poder passou a implicar também não somente a ampliação da escolarização, mas a submissão da organização do ensino escolar ao modo como se organiza a produção de mercadorias.

Modernizar quer dizer, também, racionalizar, isto é, submeter toda a organização da produção de bens materiais

129

COLEÇÃO BIBLIOTECA UNIVERSITÁRIA

e do saber a critérios definidos e calculados racionalmente. A administração das empresas passa a se submeter cada vez mais a critérios racionais, ao cálculo, ao conhecimento de mercado. Leis e regulamentos são criados no âmbito dos Estados Nacionais modernos. O sistema de pesos e medidas (quilograma, metro, calendário) torna-se cada vez mais universal, rompendo as barreiras estabelecidas historicamente pela diversidade dos sistemas de classificação. A ciência passa a estabelecer princípios universais de classificação e a produzir uma mesma linguagem que é utilizada no mundo todo. A escola passa a incorporar as disciplinas de caráter científico na sua matriz curricular, como meio de difusão do novo conhecimento produzido pela ciência moderna, por exemplo. É a imagem daquilo que Max Weber chamou de dominação racional-legal, como vimos anteriormente.

Se o moderno diz respeito à produção do novo, a modernidade se refere à produção do novo em larga escala, remetendo essa novidade à possibilidade de compartilhamento de novas experiências por homens e mulheres, em todas as partes do mundo, e a modernização se liga ao impulso transformador que leva as pessoas a compartilharem diferentes experiências a cada momento, o que é o modernismo? Berman (1988) diz claramente o que entende por modernidade e modernização. Não diz, entretanto, qual é o seu entendimento do que seja o modernismo, deixando ao leitor a tarefa de garimpar em seu texto esse entendimento.

Tudo que é sólido desmancha no ar é um livro sobre autores modernistas e o modo como eles interpretaram o mundo no qual viveram. Num sentido bem genérico e primário, o modernismo pode ser lido como os modos pelos quais esses processos de modernização são apreendidos e expressos na arte, na arquitetura, na literatura, nas ciências sociais e na filosofia. A arte moderna expressa uma peculiar sensibilidade do artista aos acontecimentos do seu tempo, assim como a literatura, a filosofia e as ciências sociais expressam a sensibilidade do escritor, do filósofo e do cientista social. Torna-se necessário analisar que tipo de peculiaridade caracteriza essas expressões e aí reside grande parte da complexidade do modernismo, porque cada uma dessas áreas formulou sofisticadas teorias próprias acerca do tema, não havendo, também, necessariamente, dentro de uma mesma área entendimento consensual sobre o seu significado.

O que Berman propõe em seu livro é realizar um "estudo da dialética da modernização e do modernismo", tentando encontrar nesse estudo, por "vários caminhos de leitura", alguns dos diversos "sentidos possíveis da modernidade". Ciente da complexidade do tema, "na esperança de ter algum controle sobre algo tão vasto quanto a história da modernidade" o autor a dividiu em três fases. A primeira fase vai do início do século XVI até o fim do século XVIII e corresponde àquele período conhecido como Idade Moderna abordado anteriormente. Segundo ele, "as pessoas estão apenas começando a experimentar a vida moderna; mal fazem ideia do que as atingiu" (BERMAN, 1988, p. 16). Elas tentam entender as transformações que afetam suas vidas, tateando em semicegueira e buscando se agarrar a algo que lhes dê alguma segurança.

Berman realiza uma exaustiva leitura do Fausto, de Goethe, "que expressa e dramatiza o processo pelo qual, no fim do século XVIII e início do seguinte, um sistema mundial especificamente moderno vem à luz" (BERMAN, 1988, p. 41). Mas quem ele indica como a primeira pessoa a se dar conta das explosivas conturbações revolucionárias que caracterizaram essa primeira fase da modernidade - *le tourbillon social* - foi Jean-Jacques Rousseau, o primeiro a usar a palavra *moderniste* no sentido em que seu uso se tornou corrente nos séculos XIX e XX. É ele a "matriz de uma das mais vitais tradições modernas, do devaneio nostálgico à auto-especulação psicanalítica e à democracia participativa". Rousseau, diz Berman, aturdiu seus contemporâneos proclamando que a sociedade moderna estava à "beira do abismo". "Muito de sua angústia decorre das condições peculiares de uma vida difícil; mas parte dela deriva de sua aguda sensibilidade às condições sociais que começavam a moldar a vida de milhões de pessoas" (BERMAN, 1988, p. 17).

A segunda fase da modernidade identificada por Berman começa com a onda revolucionária do final do século XVIII e atravessa todo o século seguinte. Nessa segunda fase, sobretudo ao final do século XIX, a modernidade será expressa por uma paisagem altamente desenvolvida e radicalmente diferenciada em relação ao ambiente que caracterizou a primeira fase da era moderna.

> Com a Revolução Francesa, e suas reverberações, ganha vida, de maneira abrupta e dramática, um grande e moderno público. Esse público partilha o sentimento de viver em uma era revolucionária, uma era que desencadeia explosivas convulsões em todos os níveis de vida pessoal, social e política. Ao mesmo tempo, o público moderno do século XIX ainda se lembra do que é viver, material e espiritualmente, em um mundo que não chega a ser moderno por inteiro. É dessa profunda dicotomia, dessa sensação de viver em dois mundos simultaneamente, que emerge e se desdobra a ideia de modernismo e modernização (BERMAN, 1988, p. 16).

Nessa paisagem sobressaem os novos engenhos, o crescimento das cidades, os novos meios de transporte e comunicação, as fábricas automatizadas e as promissoras experiências com as novas fontes de energia: o petróleo e a energia elétrica. Trata-se da segunda fase da Revolução Industrial, que generaliza o uso do motor elétrico e do gerador (1821); da máquina a vapor para transporte ferroviário de passageiros (1825); do metrô (1863); do bonde elétrico (1874); do automóvel (1885); do telégrafo (1838); do telefone (1876); da produção industrial do aço (1856); do petróleo (1859); da energia hidrelétrica (1882); dos raios X (1895), entre uma infinidade de novidades revolucionárias.

Na indústria, emerge todo um conjunto de novos elementos associados a um novo modo de organizar a produção. Nas comunicações, os jornais diários, o telégrafo e o telefone ampliam de modo formidável a escala da circulação de informações. No ambiente urbano constituem-se movimentos sociais que reivindicam o direito de interferir num processo que mudava à revelia dos seus interesses. Estados nacionais cada vez mais sólidos se associam à formação de empreendimentos internacionais cada vez mais amplos. Consolida-se um mercado mundial em constante expansão. As ciências físicas e biológicas expandem seu campo de conhecimento e atuação, a filosofia atinge um altíssimo grau de sofisticação, nascem as ciências sociais na tentativa de dar uma resposta, ao mesmo tempo teórica e prática, às questões sociais que emergem dessa efervescência. Ainda que existissem vozes dissonantes, essa paisagem caracteriza um período de euforia, de entusiasmo e de certeza do progresso. É a *belle époque*.

Claro está que esse brilhante mundo novo se abria cada vez mais também às contradições do novo sistema que se consolidava. Ao mesmo tempo em que se constitui como período promissor, o século XIX é também um período marcado por grandes revoluções sociais. A França, que havia sido o palco da Grande Revolução Burguesa de 1789-1798, torna-se novamente o cenário de grandes movimentos revolucionários, como os de 1830, 1848 e 1871. Objetivando a construção de um mundo sem conflitos, onde todos pudessem se beneficiar dos progressos conseguidos pelo desenvolvimento científico e tecnológico, esses movimentos inspiram um conjunto de crenças que, a despeito de suas diferenças, podem ser aproximados pelo que tinham em comum: a certeza de que o futuro reservaria um lugar ao sol não apenas aos que se beneficiavam daquela modernização, mas de que os resultados do progresso seriam partilhados equitativamente de acordo com a participação de cada um no processo produtivo.

Berman identifica algumas vozes que, segundo ele, apesar das distâncias que os separam, captaram como ninguém as convulsões desencadeadas por essa era revolucionária. Na literatura essas vozes são as de Fiódor Dostoievski e Charles Baudelaire, ambos originais leitores do mundo urbano que então se constituía. Eles criaram as "cenas primordiais modernas: os encontros cotidianos na rua da cidade, elevados à primeira intensidade" (BERMAN, 1988, p. 217), sobretudo o segundo escrevendo sobre o brilhante mundo novo que se estampava diante do *boulevard*, a "mais espetacular inovação urbana do século XIX, decisivo ponto de partida para a modernização da cidade tradicional" (BERMAN, 1988, p. 145).

Na filosofia, Berman identifica as vozes de Friedrich Nietzsche e Karl Marx. São vozes modernistas por excelência, diz Berman, por um lado porque conseguiram captar vigorosamente todo o drama que era viver em um mundo tão contraditório e angustiante. Por outro lado, porque visualizaram, principalmente Marx, a sua superação por obra e arte dos próprios homens em ação, os operários, "homens de vanguarda que são uma invenção dos tempos modernos, tanto quanto o próprio maquinário". Continua Berman:

> Para Nietzsche, assim como para Marx, as correntes da história moderna eram irônicas e dialéticas: os ideais cristãos da integridade da alma e a aspiração à verdade levaram a implodir o próprio Cristianismo. O resultado constituiu os eventos que Nietzsche chamou de "a morte de Deus" e o "advento do niilismo". A moderna humanidade se vê em meio a uma enorme ausência e vazio de valores, mas, ao mesmo tempo, em meio a uma desconcertante abundância de possibilidades (BERMAN, 1988, p. 21).

Marx havia analisado sistematicamente essa "abundância de possibilidades", não sem antes analisar exaustivamente a formação e consolidação do capitalismo, bem como seus limites e contradições. Berman também se debruçou exaustivamente sobre o *Manifesto Comunista*, de onde retirou a expressão "tudo que é sólido desmancha no ar", para fazer dele uma rigorosa análise. Como se sabe, o *Manifesto* é um panfleto – ainda que provavelmente um dos panfletos mais bem escritos na história do pensamento humano – de pouco mais de trinta páginas, escrito em 1848, no qual Marx e Engels explicitam as revoluções burguesas, as contradições do novo modo de produção capitalista, a crítica do socialismo utópico e o anúncio do socialismo revolucionário ou científico. Apesar de panfletário, o texto do *Manifesto* continua a merecer a atenção de estudiosos e militantes do mundo inteiro, como a mobilização mundial em 1998, por ocasião da comemoração dos seus 150 anos. "O *Manifesto* expressa algumas das mais profundas percepções da cultura modernista e, ao mesmo tempo, dramatiza algumas de suas mais profundas contradições internas" (BERMAN, 1988, p. 89).

Segundo Edmund Wilson, outro autor que faz excelente análise da efervescência intelectual do século XIX, o texto original do *Manifesto* era de Engels (WILSON, 1986). Apesar de ele ter apontado as grandes linhas de conteúdo que prevaleceriam na versão final, o texto não tinha a força e a exuberância da escrita, aquilo que era "um dos propósitos mais firmes de Marx", segundo Berman, isto é, "fazer o povo sentir". Essa força da escrita, carregada de ironia, já se manifesta desde as primeiras linhas, com a explicitação da correlação de forças entre a burguesia revolucionária, a tentativa de restauração monárquica e a emergência do projeto comunista. "Um espectro ronda a Europa – o espectro do comunismo. Todas as potências da velha Europa uniram-se numa santa aliança contra esse espectro" (MARX; ENGELS, 1977c). Em seguida, os autores passam a explicitar os grandes feitos da burguesia revolucionária. Segundo Berman, "com efeito, nessas páginas ele exalta a burguesia com um vigor e uma profundidade que os próprios burgueses não seriam capazes de expressar" (BERMAN, 1988, p. 91).

Um dos pontos centrais do *Manifesto* é a descrição que Marx faz do desenvolvimento do modo de produção capitalista, das duas classes que dele brotam – burguesia e proletariado – e da luta incessante entre elas. Na primeira parte, apresenta-se uma visão geral do processo de modernização e o cenário daquilo que Marx acreditava vir a ser o clímax revolucionário. Apesar de longa a passagem, vale transcrever Berman:

> Aqui Marx toca no sólido âmago institucional da modernidade. Antes de tudo, temos aí a emergência de um mercado mundial. À medida que se expande, absorve e destrói todos os mercados locais e regionais que toca. Produção e consumo – e necessidades humanas – tornam-se cada vez mais internacionais e cosmopolitas. O âmbito dos desejos e reivindicações humanas se amplia muito além da capacidade das indústrias locais, que então entram em colapso. A escala de comunicações se torna mundial, o que faz emergir uma *mass media* tecnologicamente sofisticada. O capital se concentra cada vez mais nas mãos de poucos. Camponeses e artesãos independentes não podem com-

COLEÇÃO BIBLIOTECA UNIVERSITÁRIA

petir com a produção de massa capitalista e são forçados a abandonar suas terras e fechar seus estabelecimentos. A produção se centraliza de maneira progressiva e se racionaliza em fábricas altamente automatizadas. Um vasto número de migrantes pobres é despejado nas cidades, que crescem como num passe de mágica – catastroficamente – do dia para a noite. Para que essas grandes mudanças ocorram com relativa uniformidade, alguma centralização legal, fiscal e administrativa precisa acontecer; e acontece onde quer que chegue o capitalismo. Estados nacionais despontam e acumulam grande poder, embora esse poder seja solapado de forma contínua pelos interesses internacionais do capital. Enquanto isso, trabalhadores da indústria despertam aos poucos para uma espécie de consciência de classe e começam a agir contra a aguda miséria e opressão crônica em que vivem. Enquanto lemos isso, sentimo-nos pisando terreno familiar; tais processos continuam a ocorrer à nossa volta, e um século de marxismo ajudou-nos a fixar uma linguagem segundo a qual isso faz sentido (BERMAN, 1988, p. 89).

É uma longa citação, mas é inevitável que seja feita, dada a riqueza das informações e a atualidade que elas revelam. A intensidade das palavras de Berman se confunde com a intensidade das de Marx. E o texto do *Manifesto* revela, de fato, mais que o drama dos milhões de pessoas que não encontraram um lugar decente na nova ordem social instalada. Ele revela a intenção dos autores em mobilizar os leitores para que tomem partido, assumam uma posição na luta pela superação dessa ordem de coisas. É a parte que cabe à ação humana, uma vez que a outra deriva da inevitabilidade das contradições da própria ordem burguesa, incapaz de se sustentar sob o peso de suas intermináveis crises.

A prosa de Marx subitamente se torna luminosa, incandescente; imagens brilhantes se sucedem e se desdobram em outras; somos arrastados num ímpeto fogoso, numa intensidade ofegante. Marx não está apenas descrevendo, mas evocando e dramatizando o andamento desesperado e o ritmo frenético que o capitalismo impõe a todas as facetas da vida moderna. Com isso, nos leva a sentir que participamos da ação, lançados na corrente, arrastados, fora de controle, ao mesmo tempo confundidos e ameaçados pela impetuosa precipitação (BERMAN, 1988, p. 90).

O desfecho do *Manifesto* é bastante conhecido: "proletários de todos os países, uni-vos". Marx faz uma exortação aos trabalhadores de todo o mundo – não sem antes fazer severa crítica ao socialismo utópico – convocando-os à união que deveria fortalecê-los como classe acima das fronteiras nacionais e dos invólucros da cultura local. Trata-se de um ideal elevado, isto é, da tentativa de levar adiante um dos postulados fundamentais do projeto civilizatório da modernidade, a universalidade, como veremos.

Mas uma coisa é a promessa, até mesmo a certeza da realização inevitável – a teleologia – do desiderato socialista, conforme pretendido por Marx; outra é a realidade tal qual tem se desdobrado ao longo desses últimos 150 anos de história do marxismo. O próprio Berman, herdeiro de uma das mais vitais tradições do marxismo, aquela que não se deixou transformar em uma religião cega, parece pouco confiante nessa promessa. "Dizer que nossa sociedade está caindo aos pedaços é apenas dizer que ela está viva e em forma" (BERMAN, 1988, p. 94). Esse é o diagnóstico crucial realizado por muitos autores que se ocuparam de pensar a modernidade do século XX, a terceira fase de que Berman trata.

Essa terceira fase da modernidade identificada por Berman situa-se no século XX, uma época em que não há qualquer canto do mundo que tenha sido capaz de se proteger do "beijo da morte da modernidade", suspira Berman.

> No século XX [...] o processo de modernização se expande a ponto de abarcar virtualmente o mundo todo, e a cultura mundial do modernismo em desenvolvimento atinge espetaculares triunfos na arte e no pensamento (BERMAN, 1988, p. 16).

O ambiente que caracteriza a modernidade do século XX e que submete homens e mulheres a novas experiências é infinitamente mais amplo do que aquele de meados do século

COLEÇÃO BIBLIOTECA UNIVERSITÁRIA

XIX. Um século depois da era do aço, do dínamo e do telégrafo, os bens de produção e de consumo – e até mesmo as ideias a seu respeito – são transformadas muito mais rapidamente em peças de museu, substituídos logo por outros que lhes tomaram o lugar. Estes, muito em breve, terão o mesmo destino dos seus antecessores. Há um enorme impulso modernizador assentado na eletrônica, que aponta tanto para o gigantismo – de edifícios a aeroportos, de radiotelescópios a aeronaves, de aparelhos de TV de alta definição a megashows musicais – quanto para a miniaturização – a nanotecnologia e suas múltiplas aplicações na engenharia e na medicina. As possibilidades criadas pela informática e pela robótica alimentam os sonhos dos futuristas. A celebração da tecnologia moderna aparece como a "possibilidade pentecostal de entendimento e unidade universais", como imaginava Marshall McLuhan.

Além de toda a parafernália tecnológica, que se torna anacrônica e obsoleta em tempo cada vez mais curto, o ambiente da modernidade do século XX é envolto por uma rede de comunicações jamais imaginada por qualquer outra época da história da humanidade. A ampliação das comunicações telefônicas, da imprensa escrita e, principalmente, o advento e a universalização do rádio, da televisão e da internet, propiciaram a "unificação" da espécie humana. Num rompante de vibração e entusiasmo, pode-se dizer, com Berman, que "o século XX talvez seja o período mais brilhante e criativo da história da humanidade, quando menos porque sua energia criativa se espalhou por todas as partes do mundo." Em todas as áreas de conhecimento, em todos os setores de produção, em todas as formas de expressão cultural, "nosso século produziu uma assombrosa quantidade de obras e ideias da mais alta qualidade" e "fomentou uma espetacular arte moderna" (BERMAN, 1988, p. 23).

Entretanto, apesar de toda essa grandiosa diversidade de elementos que se produziram no século XX, ele é, ao mesmo tempo, o século em que se presenciaram atrocidades inimagináveis para os tão celebrados princípios da racionalidade. As duas guerras mundiais, com o domínio destrutivo do átomo,

138

INTRODUÇÃO À SOCIOLOGIA DA EDUCAÇÃO

os totalitarismos, nos seus mais diversos matizes, o aumento do fosso que separa cada vez mais ricos e pobres, tanto entre países quanto dentro das próprias fronteiras dos territórios nacionais, tudo isso passou a exigir um sistemático questionamento do projeto civilizatório da modernidade e seu ideário emancipacionista. Citado por Eric Hobsbawm, em *Era dos extremos*, o músico britânico Yehudi Menuhin afirmava: "Se eu tivesse de resumir o século XX, diria que despertou as maiores esperanças já concebidas pela humanidade e destruiu todas as ilusões e ideais" (HOBSBAWM, 1995, p. 12).

Se, como o faz Berman, direcionarmos o nosso olhar para algumas expressões do pensamento que marcou o século XX, vamos encontrar, relativamente aos ideais suscitados pelo projeto civilizatório da modernidade, uma expectativa profundamente cética em relação às perspectivas da emancipação humana. As grandes vozes que manifestaram dúvidas sobre as possibilidades de alívio dos sofrimentos humanos e disseram um enfático *Não!* à vida moderna podem ser simbolizadas, segundo Berman, pelas obras de Max Weber e Michel Foucault. É importante prestar atenção a essas vozes para que se torne possível compreender a mudança de expectativa sobre o papel da escola naquilo que, na segunda metade do século, levou o nome de "paradigma da reprodução", como veremos depois.

Escrevendo a maior parte da sua obra no início do século XX, Weber pôde presenciar e projetar, assim como outros modernistas, a exemplo de Marx, algumas tendências prováveis para o sistema capitalista. Mas, contrariamente à teleologia de Marx e do otimismo de muitos dos seus contemporâneos, o racionalismo de Weber é extremamente pessimista em relação à modernidade. Se Marx via no proletariado a vanguarda revolucionária que se encarregaria da superação da ordem capitalista e a instauração da igualdade entre os homens, Weber vê as pessoas envolvidas em um verdadeiro "cárcere de ferro". Weber depositava pouquíssima fé no povo e menos ainda em suas classes dominantes, aristocráticas ou burguesas, burocráticas ou revolucionárias, diz Berman.

139

No desfecho de *A Ética Protestante e o Espírito do Capitalismo*, Max Weber afirma que todo o "poderoso cosmo da moderna ordem econômica" é como um "cárcere de ferro". Essa ordem inexorável, capitalista, legalista e burocrática "determina a vida dos indivíduos [...] com uma força irresistível". Essa ordem "determina o destino do homem, até que a última tonelada de carvão fóssil seja consumida". Agora, Marx e Nietzsche – e todos os grandes críticos do século XIX – chegam a compreender como a tecnologia moderna e a organização social condicionaram o destino do homem. Porém, todos eles acreditavam que os homens modernos tinham capacidade não só de compreender esse destino, mas também de, tendo-o compreendido, combatê-lo. Assim, mesmo em meio a um presente tão desafortunado, eles poderiam imaginar uma brecha para o futuro. Os críticos da modernidade, no século XX, carecem quase inteiramente dessa empatia com a fé em seus camaradas, homens e mulheres modernos. Segundo Weber, seus contemporâneos não passam de "especialistas sem espírito, sensualistas sem coração; e essa nulidade caiu na armadilha de julgar que atingiu um nível de desenvolvimento jamais sonhado antes pela espécie humana". Portanto, não só a sociedade moderna é um cárcere, como as pessoas que aí vivem foram moldadas por suas barras; somos seres sem espírito, sem coração, sem identidade sexual ou pessoal – quase poderíamos dizer: sem ser (BERMAN, 1988, p. 27).

Essa insensibilidade draconiana que emerge da interpretação que Berman faz de Weber favorece a formação de um sentimento de impotência, de fragilidade do ser humano, de culpabilidade, de fatalidade, enfim. Nessa perspectiva, o homem moderno como sujeito da história – como um ser consciente e capaz de reflexão, julgamento e ação sobre o mundo – simplesmente desapareceu, e isso teve consequências importantes no modo como passou a ser vista a educação escolar. Apesar, portanto, do entusiasmo dos futuristas e das esperanças de que a informática e a robótica significariam a "perpetuidade da paz e da harmonia coletiva", as grandes "crises" do capitalismo e o "fim das utopias" permitem afirmar, com certa margem de segurança, com John Kenneth Galbraith, que o século XX é, no mínimo, a *era da incerteza* (GALBRAITH, 1986).

Esse sentimento de impotência continuaria sendo alimentado por outros pensadores ao longo do século XX. Algumas décadas após a morte de Weber, numa alusão ao desencanto deixado pelas reformas sociais do pós-guerra, Alain Touraine criaria a expressão *a era da suspeita*. Para Touraine, segundo as palavras de Maria Alice Nogueira, "a vida social não é projeto, criação, debate, conflito; ela é discurso, ideologia dominante, mecanismo de inculcação e de legitimação do poder absoluto" (NOGUEIRA, 1990, p. 71). Eric Hobsbawm, um dos maiores herdeiros e renovadores do pensamento marxista, começa *Era dos extremos: o breve século XX – 1914-1991* com um "olhar panorâmico" sobre o período a partir do ponto de vista de doze destacadas personalidades de diversas áreas do conhecimento. E o que elas têm a dizer expressa, de modo geral, uma visão pouco entusiasmada desse século.[12]

---

[12] *Isaiah Berlin* (filósofo, Grã-Bretanha): "Vivi a maior parte do século XX, devo acrescentar que não sofri provações pessoais. Lembro-o apenas como o século mais terrível da história".

Julio Caro Baroja (antropólogo, Espanha): "Há uma contradição patente entre a experiência de nossa própria vida – infância, juventude e velhice passadas tranquilamente e sem maiores aventuras – e os fatos do século XX... os terríveis acontecimentos por que passou a humanidade".

Primo Levi (escritor, Itália): "Nós, que sobrevivemos aos Campos, não somos verdadeiras testemunhas. Esta é uma ideia incômoda que passei aos poucos a aceitar, ao ler o que outros sobreviventes escreveram – inclusive eu mesmo, quando releio meus textos após alguns anos. Nós, sobreviventes, somos uma minoria não só minúscula, como também anômala. Somos aqueles que, por prevaricação, habilidade ou sorte, jamais tocaram o fundo. Os que tocaram, e que viram a face das Górgonas, não voltaram, ou voltaram sem palavras".

René Dumont (agrônomo, ecologista, França): "Vejo-o apenas como um século de massacres e guerras".

Rita Levi Montalcini (Prêmio Nobel, Ciência, Itália): "Apesar de tudo, neste século houve revoluções para melhor [...] o surgimento do Quarto Estado e a emergência da mulher, após séculos de repressão".

William Golding (Prêmio Nobel, escritor, Grã-Bretanha): "Não posso deixar de pensar que este foi o século mais violento da história humana".

Ernst Gombrich (historiador da arte, Grã-Bretanha): "A principal característica do século XX é a terrível multiplicação da população do mundo. É uma catástrofe, uma tragédia. Não sabemos o que fazer a respeito".

COLEÇÃO BIBLIOTECA UNIVERSITÁRIA

Mas, se existe uma voz moderna, pessimista por excelência, essa é a voz de Michel Foucault. A dialética do parafuso vista por Berman nos escritos desse autor, literalmente, provoca calafrios no leitor. Segundo Berman:

> O único escritor da década passada [ele se refere à década de 70, uma "década insípida"] que tinha realmente algo a dizer sobre a modernidade foi Michel Foucault. E o que ele tem a dizer é uma interminável, torturante série de variações em torno dos temas weberianos do cárcere de ferro e das inutilidades humanas, cujas almas foram moldadas para se adaptar às barras. Foucault é obcecado por prisões, hospitais, asilos, por aquilo que Erving Goffman, chamou de "instituições totais". Ao contrário de Goffman, porém, Foucault nega qualquer possibilidade de liberdade, quer dentro, quer fora dessas instituições. As totalidades de Foucault absorvem todas as facetas da vida moderna. Ele desenvolve esses temas com obsessiva inflexibilidade e, até mesmo, com filigranas de sadismo, rosqueando suas ideias nos leitores como barras de ferro, apertando em nossa carne cada torneio dialético como mais uma volta do parafuso (BERMAN, 1988, p. 33).

Foucault, possivelmente, não estava tão interessado na dialética, mas Berman estava visivelmente impressionado com a teoria da história de Marx. Como se sabe, a história não é vista por Marx de

---

Yehudi Menuhin (músico, Grã-Bretanha): "Se eu tivesse de resumir o século XX, diria que despertou as maiores esperanças já concebidas pela humanidade e destruiu todas as ilusões e ideais".

Severo Ochoa (Prêmio Nobel, Ciência, Espanha): "O mais fundamental é o progresso da ciência, que tem sido realmente extraordinário [...] Eis o que caracteriza nosso século".

Raymond Firth (antropólogo, Grã-Bretanha): "Tecnologicamente, coloco o desenvolvimento da eletrônica entre os fatos mais significativos do século XX; em termos de ideias, destaco a passagem de uma visão relativamente racional e científica das coisas para outra não racional e menos científica".

Leo Valiani (historiador, Itália): "Nosso século demonstra que a vitória dos ideais de justiça e igualdade é sempre efêmera, mas também que, se conseguimos manter a liberdade, sempre é possível recomeçar [...] Não há por que desesperar, mesmo nas situações mais desesperadas".

Franco Venturini (historiador, Itália): "Os historiadores não têm como responder a essa pergunta. Para mim, o século XX é apenas o esforço sempre renovado de entendê-lo" (HOBSBAWM, 1995, p. 12).

forma linear ou unidirecional. Segundo a concepção marxiana, em torno de um eixo central, com raros momentos de ruptura, mesmo assim, não total, desfilam variações mais ou menos regulares, em espiral, de forma que cada volta situa-se acima do ponto anterior. Cada volta que se completa ocupa um espaço e tempo menores do que os anteriores, e cada grande volta é preenchida, no seu interior, por pequenos parafusos que se ajustam, às vezes menos às vezes mais conflitantes, constituindo, assim, o processo histórico.

Esse processo histórico constitui formações sociais distintas e é do interior delas que brotam os elementos que vão perfurando as estruturas constituídas, ganhando preponderância e estruturando, num incessante processo constituinte, as novas relações sociais. Ao se tornarem preponderantes, essas relações vão arrastando consigo todas as velhas formações sociais, sendo que, no seu atual estágio, o capitalismo tende a universalizar a sua racionalidade econômica, social e cultural, num impetuoso processo de globalização econômica e/ou de mundialização da cultura.

Ao universalizar-se, a ordem capitalista molda, mais rápida ou lentamente, à sua imagem e semelhança, toda a ordem social. Sendo um conjunto de relações sociais, em constante processo de redefinição, o movimento inerente à formação social capitalista incorpora todas as formas econômicas, sociais, políticas, culturais e ideológicas, fazendo colidir, no seu bojo, todo um conjunto de contradições, ora manifestas ora latentes. Marx sabia obviamente que a "síntese de múltiplas determinações" impunha-se com irresistível força sobre e contrariamente as vontades individuais e coletivas. Ainda assim, ele alimentava notável entusiasmo pela capacidade de o proletariado subverter essas múltiplas determinações. Foucault (*apud* BERMAN, 1988, p. 33), para quem as "modernas tecnologias do poder" apenas "tomam a vida como seu objeto", não via motivos para acreditar em qualquer possibilidade de os homens e mulheres modernos se libertarem de seus grilhões.

A tessitura da modernidade: o projeto civilizatório

Aqui e ali temos falado do projeto civilizatório da modernidade e suas promessas, sobretudo das promessas trazidas por

COLEÇÃO BIBLIOTECA UNIVERSITÁRIA

uma educação universal, direito do cidadão e dever do Estado. Mas em que consistia esse projeto? De onde vem o entusiasmo que, ainda hoje, contagia as pessoas ao se pronunciarem sobre a educação, apontando nela a via através da qual nossas misérias serão superadas? Quais são os fundamentos da íntima associação que o senso comum estabelece entre educação e modernidade?

Mesmo não sendo possível entrar na especificidade do complexo debate, não se pode desprezar o lugar central que a concepção de razão trazida por René Descartes teve nesse processo.[13] Sua obra mais conhecida, *Discurso sobre o Método*, fundadora do idealismo filosófico moderno, é de 1637, época de grandes abalos produzidos por Galileu na visão de cosmos até

---

[13] Para entender as diversas concepções de razão e o intricado debate em torno do tema sugiro consultar o livro *Convite à Filosofia*, de Marilena Chaui (1995). Neste *Introdução à Sociologia da Educação* a discussão sobre o tema se restringe ao estritamente necessário para fundamentar os pressupostos da pedagogia iluminista, que consistia em ilustrar ou desenvolver nos indivíduos as luzes da razão. As teorias do conhecimento apontam para uma dupla origem da razão: inata ou adquirida. Descartes é um dos postuladores do inatismo, segundo o qual "nascemos trazendo em nossa inteligência não só os princípios racionais, mas também algumas ideias verdadeiras, que por isso são ideias inatas". Seu contemporâneo Francis Bacon, por outro lado, é um dos postuladores do empirismo que, ao contrário do inatismo, "afirma que a razão, com seus princípios, seus procedimentos e suas ideias, é adquirida por nós através da experiência" (CHAUI, 1995, p. 69). A filosofia que se seguiu desdobrou-se em duas "escolas" principais. Na Inglaterra, o empirismo foi continuado por autores como John Locke, George Berkeley e David Hume. Na Alemanha, o inatismo desdobrou-se no idealismo filosófico alemão que teve em Leibniz, Immanuel Kant e George W. F. Hegel seus principais expoentes. Com Kant, o conceito de razão atinge elaboradíssima formulação. Para ele, escreve Marilena Chaui, "a razão é uma estrutura vazia, uma forma pura sem conteúdos. Essa estrutura (e não os conteúdos) é que é universal, a mesma para todos os seres humanos, em todos os tempos e lugares. Essa estrutura é inata, isto é, não é adquirida através da experiência. Por ser inata e não depender da experiência para existir, a razão é, do ponto de vista do conhecimento, *anterior* à experiência. Ou, como escreve Kant, a estrutura da razão é *a priori* (vem *antes* da experiência e não depende dela). Porém, os conteúdos que a razão conhece e nos quais ela pensa, esses sim, dependem da experiência. Sem ela, a razão seria sempre vazia, inoperante, nada conhecendo. Assim, a experiência fornece a *matéria* (os conteúdos) do conhecimento para a razão e esta, por sua vez, fornece a *forma* (universal e necessária) do conhecimento. A matéria do conhecimento, por ser fornecida pela experiência, vem *depois* desta e por isso é, no dizer de Kant, *a posteriori*" (CHAUI, 1995, p 78). É bom lembrar, também, que existem dois sentidos distintos para a palavra razão: um é o sentido que vem do latim *ratio* ou *rationis*, em que a razão é entendida como instrumento do cálculo, projeto, método; o outro é o sentido que vem do grego *logos*, que é uma proposição relativa ao conhecimento ou ao fundamento de todas as coisas.

144

então prevalecente (Cf. Condé, 2002). Galileu levou adiante a revolução copernicana que mudaria irreversivelmente nossa imagem do mundo e do lugar que ocupamos nele, deslocando a terra do centro do universo para um lugar periférico no sistema solar. Diante disso, o postulado fundamental de Descartes é que não se deve tomar por verdadeiro nada que possa ser posto em dúvida. E a dúvida metódica entra como um componente fundamental do discurso filosófico da modernidade, ajudando a questionar o mundo medieval, suas instituições, os lugares demarcados na hierarquia social, as representações sobre o mundo natural e o social. Mas talvez o que de mais fundamental e revolucionário a filosofia cartesiana trouxe para a modernidade foi uma nova concepção de razão e o entendimento de que ela é universal nos seres humanos. Em suas palavras:

> [...] o poder de bem aquilatar e diferenciar o vero do falso, quer dizer, o chamado bom senso ou a razão, é naturalmente igual em todos os homens e [a] multiplicidade de nossas opiniões não deriva do fato de uns serem mais razoáveis do que outros, porém somente do fato de encaminharmos nosso pensamento por diversos caminhos e não levarmos em conta as mesmas coisas (Descartes, s. d., p. 13).

Mais de um século transcorre entre Descartes e os pensadores iluministas do século XVIII. Todo esse período foi marcado pelos eventos que permitiram a acumulação original de capital, com mudanças significativas no modo de produção, no mundo do trabalho, no mercado e na estruturação do poder político, como já foi dito. Foi marcado, também, por uma constante revolução científica e tecnológica que se abriu para a possibilidade não apenas de conhecer o mundo, mas, sobretudo, de interferir nele, como reivindicava Francis Bacon, um dos grandes nomes da ciência experimental moderna. E foi marcado, ainda, pela revolução cultural que fundamenta a modernidade como projeto. Essa revolução cultural estava assentada na concepção cartesiana de razão, segundo a qual ela é uma luz natural inata, isto é, "naturalmente igual em todos os homens" e que nos permite

COLEÇÃO BIBLIOTECA UNIVERSITÁRIA

conhecer a verdade. Transposta para o terreno da luta política, essa concepção de igualdade de todos diante da razão trouxe o impulso mobilizador que desaguou na Revolução Francesa com o lema "igualdade, liberdade e fraternidade", com repercussões que demarcaram decisivamente o curso da história a partir de então.

O século XVIII foi, pois, o ápice de um longo período de mudanças na ordem econômica sintetizadas no termo Revolução Industrial. Foi, também, o ápice de um conjunto de mudanças políticas, simbolizadas pela Revolução Gloriosa, pela Independência dos Estados Unidos e pela Revolução Francesa. Foi, ainda, o ápice de um conjunto de mudanças culturais, cujos primeiros sinais já haviam se manifestado, segundo alguns autores desde o século XII, mas certamente, com maior intensidade, desde o Renascimento. Mas ele foi, sobretudo, o século que viu nascer um grande entusiasmo em relação ao futuro da humanidade. Apesar de toda a conturbação típica dos períodos de mudança intensa, foi marcado pelo entusiasmo iluminista, que associou o uso da razão ao esclarecimento filosófico e do método científico moderno ao conhecimento do mundo natural. Ao observarmos a literatura sobre o período, encontramos quase que uma unanimidade nas referências ao século XVIII como o "Século das Luzes", a "Idade da Razão", a "Era das Luzes", a "Era da Ilustração", etc. Todos eles são termos que remetem à ideia de "luz" em contraposição às "trevas" da Idade Média, contra as quais deveria ser travada intensa batalha.

Essa perspectiva racionalista, associada aos avanços da ciência moderna, permitiu a esses pensadores formularem um juízo bastante otimista em relação ao futuro da humanidade.[14] O que há de radical nessa mudança cultural não é apenas o reconhecimento do homem como ser no mundo, mas o fato de o

---

[14] Há uma enorme quantidade de obras que abordam a questão da modernidade e as expectativas criadas pela crença nas possibilidades humanas na edificação do futuro. Uma visão geral dessa problemática pode ser encontrada em: WILSON, 1986; BERMAN, 1988; GELLNER, 1992; KURZ, 1992; KAPLAN, 1993; HARVEY, 1993; LE GOFF, 1994; COELHO NETTO, 1995; FEATHERSTONE, 1995; TOURAINE, 1995; SANTOS, 1997; JAMESON, 1996; ROUANET, 1993; SILVA, 1993; HERSCHMANN e PEREIRA, 1994; HOUAISS e AMARAL, 1995, para citar apenas alguns.

próprio homem poder se constituir objeto de estudo. É isso que torna possível o nascimento e a consolidação das ciências sociais ao longo do século XIX. Desse conhecimento do homem como ser no mundo, emergia e se consolidava a ideia de que ele é o sujeito da história, bastando para isso que todos desenvolvessem – individual ou coletivamente – a capacidade de planejar racionalmente o seu futuro. Se a razão era algo natural nos indivíduos, todos deveriam desenvolvê-la. Ilustrar os indivíduos é o mesmo que cultivar o espírito, desenvolver a luz natural da razão, tornar a todos senhores de si mesmos, emancipar e formar o cidadão. Esse é o postulado central da pedagogia iluminista. Essa era tarefa para o mestre e o lugar onde essa tarefa seria desenvolvida era a escola. Daí a reivindicação da educação como direito do cidadão e dever do Estado. E a educação foi pautada como elemento fundamental do projeto civilizatório da modernidade.

Segundo Manfredo de Oliveira (1993), "na modernidade, emergiu a consciência de que se estava criando um 'novo começo' no processo civilizatório no Ocidente, que significaria, precisamente, o início de um esclarecimento", tão entusiasticamente reivindicado por Immanuel Kant (*"sapere aude*. Ousa servir-se da tua razão.") Desenvolvida em consonância com o Estado moderno, essa nova concepção de razão trouxe o impulso necessário à sua autonomização frente à esfera religiosa, processo do qual resultaram transformações fundamentais no modo como homens e mulheres passaram a olhar e se posicionar diante das coisas. Há um radical deslocamento da concepção de mundo como desígnio divino para uma concepção de mundo como construção humana.

> Não existe mais uma ordem prévia doadora de sentido à razão do homem. É através de atos racionais de prova e tomada de posição que o homem abre o espaço de uma ação possível, orientada pela razão em sua existência histórica. [...] A razão é o grande instrumento de emancipação da humanidade, a fonte de criação do começo novo para o homem, o penhor de sua vida autônoma. É através dela que o homem se desliga de toda e qualquer determinação

COLEÇÃO BIBLIOTECA UNIVERSITÁRIA

exterior a ele, portanto ela é mediadora de autonomia. É a razão que constrói o homem enquanto tal. Ela é mesmo condição da própria autoconservação da espécie, posto que capaz de criar um espaço de ação superadora dos antagonismos da natureza humana, como vai dizer Thomas Hobbes (OLIVEIRA, 1993, p. 18).

Se a razão passou a ser vista como o grande instrumento de emancipação da humanidade, todas as ações deveriam ser canalizadas no sentido de desenvolvê-la o mais plenamente possível. Essa é a principal novidade trazida pelos pensadores modernos. Nem todos pensavam da mesma forma, claro, mas o que os unificava era a concepção de que havia uma igualdade natural e universal entre os homens. O fato de haver servos e nobres, escravos e senhores, ricos e pobres era um acidente histórico, um desvio que deveria ser corrigido por meio da luta política. E uma das formas de realizar essa correção era educando os indivíduos e garantindo-lhes liberdade e autonomia. Segundo o filósofo Sérgio Paulo Rouanet (1993), esse foi o propósito central do *projeto civilizatório da modernidade* ou Ilustração.

Em que consistia esse projeto? O que havia de elevado e grandioso nos ideais do projeto civilizatório da modernidade e que, ainda hoje, continuam inspirando muitas lutas no interior da escola e na sociedade em geral? Não se trata obviamente de pensar num grupo de filósofos reunidos, discutindo e escrevendo um projeto para o futuro. Mas o que está presente no pensamento de todos eles – de Hobbes a Kant, de Locke a Rousseau, de Adam Smitth e David Ricardo aos Enciclopedistas Diderot, Condorcet, D'Alambert, Montesquieu, Voltaire e muitos outros – é a atitude de condenação de um passado que deveria ser superado – dimensão negativa do *Ancien Regime* – e a atitude de afirmação da nova visão de mundo – dimensão afirmativa da modernidade.

Basicamente, o projeto expressava uma crença na razão e na ciência modernas como meios de conhecer o mundo e orientar a intervenção nele. Acreditavam os ilustrados que se somos capazes de compreender e dominar o mundo natural, como não poderíamos ser capazes de compreender e dominar o mundo das relações sociais? Se somos capazes de dominar esse mundo natural, colocando-o a nosso serviço, como não seríamos capazes de dominar os fenômenos sociais, colocando-os igualmente a serviço dos nossos interesses? Se podemos domar a natureza, como não poderíamos domar também a realidade social, adaptando-a aos nossos objetivos e moldando-a de acordo com os ideais mais elevados? Era, enfim, a afirmação da racionalidade filosófica e científica como um meio para a realização das utopias humanas. Segundo Rouanet, a Ilustração afirmava a razão e o método científico como as únicas fontes de conhecimento válido, rejeitava qualquer concepção do mundo derivada do dogma, da superstição e da fantasia e sustentava-se em três ingredientes conceituais, quais sejam, a universalidade, a individualidade e a autonomia.

Quanto ao ideal da universalidade, significava que o projeto civilizatório visava a todos os seres humanos, independentemente de fronteiras nacionais, étnicas ou culturais. Quanto à individualidade, significava que esses seres humanos seriam considerados conquanto pessoas concretas e independentes, e não como parte mecânica da matriz coletiva. A autonomia significava que esses indivíduos deveriam ser aptos a pensar por si mesmos, sem a tutela da religião ou da ideologia (autonomia intelectual), a agir no espaço público como membros participantes e ativos do contrato social (autonomia política) e a adquirir, pelo seu trabalho, os bens e serviços necessários à sua sobrevivência material (autonomia econômica) (ROUANET, 1993). Entre esses ingredientes conceptuais, certamente o da autonomia é o que mais se ligou ao mundo da educação, porque dela reivindicou-se, a partir de então, a formação de cidadãos críticos, livres, autônomos e participativos da vida em sociedade. A formação do cidadão é, pois, a maior aposta que o projeto civilizatório da modernidade deposita na educação.

CAPÍTULO VII

Educação e cidadania

Entre todos os lugares comuns sobre educação, o que a associa à formação do cidadão é um dos mais generalizados e, ao mesmo tempo, dos mais inconsistentes. Existe, inclusive, uma frase feita que parece servir de resposta universal a todos que, indagados sobre o assunto, têm pouco ou nada a dizer: a tarefa da educação é "resgatar a cidadania".

Entre as dificuldades de se compreenderem as relações entre educação e cidadania, está o fato de o próprio conceito de "cidadão" – como quase todos os conceitos do campo das ciências sociais – sofrer mudanças ao longo do tempo e de ele ser de difícil aplicação universal a realidades tão diferentes ao redor do globo nos nossos dias.

Apesar de sua origem na antiguidade, é na Idade Moderna que esse conceito adquire o sentido atual, isto é, um ideal que orienta uma ação ou um conjunto de ideias que tiveram, de fato, forte impacto na orientação das lutas políticas por democracia e reivindicação de direitos.

Direitos de cidadania como valor universal

A noção de cidadania, referida ao indivíduo sujeito a deveres, mas, sobretudo, sujeito de direitos, é bastante antiga. Mas é somente a partir do século XVIII que ela se torna universal, isto é, passa a ser reivindicada para todos os indivíduos indistintamente. Na Grécia antiga os cidadãos se reuniam em praça pública, na *pólis*, para deliberar sobre os seus destinos. Entretanto, cidadãos eram apenas os homens livres e a democracia grega excluía a absoluta maioria da população, isto é, os escravos, os jovens, os velhos e as mulheres.

Além de universal, essa nova noção de cidadania trazia outro elemento fundamental. Ela exigia que os regulamentos da vida social fossem produto da vontade coletiva e expressos em leis. Isso quer dizer que o povo deveria ser soberano para decidir sobre seus destinos. No novo contexto de democracia que então se constituía, essa vontade coletiva ou soberania popular poderia se expressar diretamente pelo povo reunido em assembleia ou através de representantes eleitos pelos próprios cidadãos. Com o tempo, prevaleceu nas repúblicas modernas a democracia representativa, que consiste em atribuir aos cidadãos – sociedade civil – a tarefa de escolher aqueles que comporão o governo – sociedade política – num contexto de livre estabelecimento de pactos e contratos, isto é, acordos estabelecidos diretamente pelo povo ou por seus representantes reunidos em assembleia.

O ato inaugural dessa nova forma de organizar o poder certamente pode ser remetido à primeira *Declaração dos Direitos do Homem e do Cidadão*, em 1789, nos primeiros momentos da Revolução Francesa. Ela tenta expressar, em norma jurídica, os ideais de liberdade, igualdade, universalidade e autonomia de que tanto temos falado. Na época em que foi elaborada, os Estados Unidos já tinham proclamado a sua independência e instalado a República. Recuperando alguns princípios da *Declaração de Direitos de Virgínia*,[15] de 1776, os legisladores franceses escreveram no preâmbulo da sua Declaração:

> Os representantes do povo francês, constituídos em Assembleia Nacional, considerando que a ignorância, o esquecimento e o desprezo dos direitos do homem são as únicas causas das desgraças públicas e da corrupção dos Governos, resolveram expor numa declaração solene os direitos naturais, inalienáveis e sagrados do homem,

---

[15] "Declaração de direitos feita pelos representantes do bom povo da Virgínia, reunidos em plena e livre convenção; direitos que pertencem a eles e à sua posteridade, como base e fundamento de governo."

a fim de que esta declaração, presente constantemente a todos os membros da comunidade social, os lembre, sem cessar, de seus direitos e seus deveres; a fim de que os atos do Poder Legislativo e os do Poder Executivo, podendo ser, a todo momento, comparados com a finalidade de toda instituição política, sejam mais respeitados; a fim de que as reclamações dos cidadãos, fundadas, doravante, em princípios simples e indiscutíveis, contribuam sempre para a manutenção da Constituição e para a felicidade de todos.[16]

Não é o caso de fazer aqui uma análise exaustiva dos artigos da Declaração, de 1789, mas certamente será útil destacar alguns dos elementos presentes em alguns artigos, sobretudo aqueles relacionados aos ingredientes conceptuais do projeto civilizatório da modernidade de que falamos anteriormente.

Universalidade, individualidade, autonomia

Primeiramente, tomemos a universalidade, um dos mais elevados ideais trazidos pela modernidade. Rouanet afirma que o projeto civilizatório visava todos os seres humanos, independentemente de fronteiras nacionais, étnicas ou culturais. Desde então, muito trabalho tem sido realizado na tentativa de fazer com que todos os homens se reconheçam como iguais. É precisamente isso que está escrito no primeiro artigo da Declaração: "Os homens nascem e permanecem livres e iguais em direitos. As distinções sociais não podem fundar-se em nada mais do que na utilidade comum." Em outras palavras, há um fundamento de liberdade e igualdade entre todos no que se refere aos direitos e as distinções somente são justificáveis se estiverem a serviço do bem comum.

Os primeiros artigos da Declaração consistem em postular esses direitos, expressá-los com toda a clareza possível e instigar a todos os homens para que, em luta cotidiana, tentem realizá-los. Nos nossos dias tornou-se senso comum dizer que todos são iguais – ainda que alguns sejam "mais iguais que outros" –, mas afirmar, no final do século XVIII, que os homens nascem iguais e

---

[16] DECLARAÇÃO DOS DIREITOS DO HOMEM E DO CIDADÃO, de 1789.

COLEÇÃO BIBLIOTECA UNIVERSITÁRIA

são livres não era pouca coisa, uma vez que ainda predominava a concepção de que eles eram naturalmente desiguais. Não podemos esquecer que uma coisa é o que está na cabeça dos filósofos e revolucionários que nos legaram essa herança iluminista orientadora de um tipo particular de ação no mundo. Outra é verificar como, no cotidiano das práticas, os homens e as mulheres comuns atuam no mundo e constroem as representações sobre si mesmos.

O que a Declaração traz, no segundo artigo, é fundamental a esse respeito. Ela diz que "A finalidade de toda associação política é a conservação dos direitos naturais e imprescritíveis do homem. Esses direitos são a liberdade, a propriedade, a segurança e a resistência à opressão." No artigo 4, ela afirma que "a liberdade consiste em poder fazer tudo o que não prejudicar outrem; assim, o exercício dos direitos naturais de cada homem não tem outros limites senão os que garantem aos demais membros da sociedade o gozo desses mesmos direitos. Esses limites só podem ser determinados pela Lei."

Liberdade é termo complexo, de definição quase impossível. Cecília Meireles diz dela que é uma "palavra que o sonho humano alimenta: que não há ninguém que explique, e ninguém que não entenda!" (MEIRELES, 1977, p. 81). Mas podemos tomar algumas referências para a sua compreensão. Desde a baixa Idade Média, a cidade começou a ser vista como o lugar da liberdade. Marx afirma que é dos servos da Idade Média que surgem os burgueses, isto é, os habitantes dos burgos, trabalhadores livres que começaram a vender a sua força de trabalho num mercado em constante expansão. O mundo da urbe, isto é, do urbano, desde então passou a ser visto como o lugar de homens livres. Mas era uma liberdade muito limitada, sobretudo a liberdade de pensar, como veremos. Para além do ato de vender livremente a força de trabalho, a liberdade era, também e fundamentalmente, o grito contra a servidão e a escravidão.

Mas voltemos ao segundo artigo da Declaração, que, além do direito à liberdade, postula o direito à propriedade, à segurança e a resistência à opressão. Depois de Marx ficou fácil fazer a crítica à propriedade, sobretudo à propriedade privada burguesa. No

INTRODUÇÃO À SOCIOLOGIA DA EDUCAÇÃO

final do século XVIII, entretanto, reivindicar direito à propriedade significava, antes de tudo, lutar pelo mais elementar direito
civil, isto é, que os homens fossem inclusive proprietários de si
mesmos. Assim como a luta pela liberdade de servos, a luta contra
a escravidão tinha, a partir de então, fundamentos jurídicos, para
os quais se buscava legitimidade. Cidadão era, então, aquele que
tinha capacidade de adquirir posse (BUFFA, 1983).

A luta pela segurança é outro ponto fundamental da Declaração, a qual se liga a uma das mais sólidas e consistentes
noções de contrato social no contexto do Estado Moderno, que
é o contrato sugerido por Thomas Hobbes. Continuando citação
anteriormente feita de Manfredo de Oliveira, temos:

> Para ele, a vida natural do homem é marcada pela igualda-
> de fundamental e universal, uma vez que a natureza huma-
> na fez todos iguais, de onde deriva a esperança comum de
> atingir os mesmos fins. Ora, precisamente essa igualdade
> natural vai provocar os conflitos na vida humana, pois,
> querendo mais de um a mesma coisa, é impossível que os
> vários a atinjam, o que vai tornar-se fonte de inimizade
> entre os homens. Daí, conclui Hobbes, a condição natural
> do homem é tremendamente lastimável, porque marcada
> basicamente pela preocupação da autoconservação, em
> última análise, pelo medo, pulsão fundamental da vida
> humana. A vida natural dos homens nada mais é do que
> um estado permanente de guerra: o homem é assim, natu-
> ralmente, inimigo de todo homem, e em virtude disso sua
> vida é solitária, pobre, embrutecida e curta. A natureza fez
> os homens capazes de autodestruição, estado miserável da
> absoluta insegurança (OLIVEIRA, 1993, p. 19).

Segundo Hobbes, a natureza humana é marcada pelas pulsões, isto é, no estado de natureza os homens são egoístas, o que
estabelece a luta de todos contra todos expressa na frase "o homem
é o lobo do próprio homem", exaustivamente repetida. Nesse
lastimável estado de autodestruição e insegurança, o medo da
morte violenta e da ausência das coisas necessárias à preservação
da vida leva os homens a abdicarem de parte desse egoísmo, porque eles compreendem a necessidade do autocontrole como meio

155

de sobrevivência da própria espécie. Pelo bom uso da razão eles estabelecem as bases de um contrato social, formando o Estado – o Leviatã – como instância à qual entregam a responsabilidade pela garantia das normas, entre elas, a que justifica o uso da força quando necessária ao exercício do controle. Dois séculos depois, Weber formulou sua célebre definição do Estado segundo a qual ele é a instância que detém o monopólio legítimo do uso da força.

Na tentativa de exercitar esse controle, há uma diferença fundamental que demarca a modernidade em relação a todas as épocas anteriores. Como já foi dito, desloca-se a concepção de mundo como desígnio divino para uma concepção de mundo como construção humana, sujeito, portanto, a uma regulação estabelecida pelos próprios homens em ação. E esse é, talvez, um dos maiores dilemas da modernidade, isto é, estabelecer uma equilibrada correlação entre regulação e emancipação. Em outras palavras, o desafio é estabelecer os mecanismos reguladores da vida em sociedade, fazendo dessa regulação instrumento de emancipação humana e não de fortalecimento da opressão de uns sobre os outros. A Declaração é clara a esse respeito quando define o que é a Lei, em seu art. 6.

> A Lei é a expressão da vontade geral. Todos os cidadãos têm direito a participar pessoalmente, ou através de seus representantes, de sua formação. Deve ser a mesma para todos, quer quando protege, quer quando castiga. Todos os cidadãos, sendo iguais diante dela, têm igual direito a todas as dignidades, cargos e empregos públicos, segundo a sua capacidade e sem outra distinção a não ser a de suas virtudes e de seus talentos.

Esse esforço de se estabelecerem princípios universais, apesar de serem contrariados pelas condições concretas com que a realidade se manifesta, expressa a necessidade de, ainda hoje, termos sempre em mente o desafio incessante posto para a educação em nome da formação do cidadão. Além dessa dimensão da universalidade, temos que considerar, também, os outros dois ingredientes conceptuais do projeto da modernidade: a individualidade e a autonomia.

A individualidade é outro conceito de difícil apreensão no processo civilizatório. Essa é uma grandiosa tarefa levada a efeito por autores do porte de um Louis Dumont (1993), que estuda a gênese do indivíduo no mundo cristão, e de um Norbert Elias (1994), que traça o percurso da história ocidental para analisar como se constitui a individuação. Na modernidade, contudo, a individualidade significava precisamente a afirmação de indivíduos livres, portadores de direitos "naturais e imprescritíveis" que devem ser considerados e respeitados na constituição da sociabilidade e da vida política.

Inicialmente, o Estado moderno assume a tarefa de estabelecer os mecanismos reguladores da ordem social punindo, se necessário, os transgressores. Mas o que se visualizava para o futuro eram os próprios indivíduos se autocontrolando, isto é, absorvendo os controles externos pela internalização da norma transformada em hábito. Essa é a tarefa que Durkheim esperava da educação e que Norbert Elias apontava como ponto central dessa passagem para a modernidade, isto é, do sentimento de culpa, cujo acerto de contas estaria remetido para o Juízo Final, ao sentimento de vergonha em que o transgressor precisa prestar contas frente a frente com seus semelhantes.

Esse não é um movimento que se dá de uma hora para a outra. No mundo medieval o indivíduo só existia como produto da matriz coletiva, seja a aldeia, o reino ou a Igreja. Quando o indivíduo ousava fugir às determinações impostas pelo meio, as punições eram severas, como demonstra a sangrenta história da Inquisição.[17] Lutero, por época da Reforma protestante, por meio da defesa do livre-arbítrio, desencadeou a luta pelas liberdades individuais. Mas a luta de Lutero se resumia à defesa da liberdade de crença do fiel. Com o desenvolvimento do capitalismo, esse livre-arbítrio converte-se na defesa da livre iniciativa, do indivíduo empreendedor e da livre concorrência, o que permite as condições

---

[17] *O Queijo e os Vermes*, livro brilhante do historiador italiano Carlo Ginzburg (1987), é exemplar a respeito da tentativa de um moleiro, Menochio, expressar-se como um indivíduo que tem um modo próprio de ler o mundo e interpretar a origem da vida. De modo semelhante, pode-se tomar a história de Abelardo, grande educador do século XII, retratada no filme *Em Nome de Deus* ou de *Joana D'Arc*, Giordano Bruno e *Galileu*, retratada em filmes cujo nome é o das personalidades retratadas. (Cf. OLIVEIRA, 2005).

concretas de "liberação" do indivíduo, necessárias à existência do próprio capitalismo. Vem daí o termo liberal, a partir do qual se formula a doutrina do liberalismo, expressando o modo como o capitalismo se apropria da individuação. Segundo Manfredo de Oliveira, "esse 'primado do indivíduo' sobre a comunidade social e política é o axioma fundamental da teoria política dos tempos modernos" (OLIVEIRA, 1993, p. 20).

E a autonomia? Segundo Rouanet (1993), a autonomia significava que os indivíduos deveriam ser aptos a pensar por si mesmos, sem a tutela da religião ou da ideologia (autonomia intelectual), a agir no espaço público como membros participantes e ativos do contrato social (autonomia política) e a adquirir, pelo seu trabalho, os bens e serviços necessários à sua sobrevivência (autonomia econômica).

A ideia de autonomia está intimamente associada à de individualidade. À autonomia intelectual se associa um dos mais elevados ideais da educação, isto é, aquilo que é exaustivamente ensinado e repetido até pelas crianças do jardim de infância: que cabe à educação formar cidadãos livres, autônomos, críticos, etc. Segundo Rouanet (1993), o objetivo básico da autonomia intelectual era libertar a razão do preconceito, isto é, da opinião sem julgamento. Esse desejo de autonomia está lá na Declaração, nos artigos 10 e 11, expressando principalmente a luta contra a Inquisição, cuja história de obras e autores queimados em praça pública já vinha de longa data.

> Art. 10: Ninguém deve ser importunado por suas opiniões, inclusive religiosas, desde que sua manifestação não altere a ordem pública estabelecida pela Lei.
> Art. 11: A livre organização dos pensamentos e das opiniões é um dos direitos mais preciosos do homem; todo cidadão pode, pois, falar, escrever, imprimir livremente, sob a ressalva de responder pelo abuso desta liberdade, nos casos determinados pela Lei.

À autonomia política se associa a participação do cidadão no contrato social, que, a partir de então deveria governar todas as ações humanas, ainda que não houvesse um único modelo de contrato ou uma única forma de organização do poder. Segundo Rouanet, na vertente liberal clássica, como propunham Montesquieu, Voltaire e Diderot, a Ilustração limitava-se a propor um sistema de garantias contra a ação arbitrária do Estado. Mas numa vertente democrática, como a de Rousseau, "a Ilustração considerava que era insuficiente proteger o cidadão contra o governo: era necessário que ele contribuísse para a formação do governo ou, mais radicalmente, fosse ele próprio o governo" (ROUANET, 1993, p. 17). Mas a ideia-chave da autonomia política é que a socialização e a instituição de normas para o agir humano são obras dos próprios homens, atividades da sua capacidade racional. Mais uma vez, citando Manfredo de Oliveira:

> Não se trata mais de acolher normas preexistentes e predeterminadas, mas está em jogo aqui o próprio ato instituidor de normas. A responsabilidade do homem não é mais responsabilidade "diante das normas", mas responsabilidade "para as normas": o homem sente-se agora responsável pela articulação do universo normativo que fundamenta incondicionalmente seu agir no mundo. Muda assim a postura do homem diante das tarefas de sua vida, melhor dizendo: é só aqui que a vida deixa de ser apenas a efetivação de uma norma externa já estabelecida e torna-se propriamente tarefa: a moralização através dos atos da razão (OLIVEIRA, 1993, p. 20).

Resta, ainda, a autonomia econômica. Enquanto no preâmbulo da Declaração dos Direitos do Homem e do Cidadão afirmava-se "que a ignorância, o esquecimento e o desprezo dos direitos do homem são as únicas causas das desgraças públicas e da corrupção dos Governos", a Enciclopédia é cristalina na denúncia da miséria humana. "Há poucas almas suficientemente firmes para não serem abatidas e envilecidas pela miséria. [...] A miséria é a mãe dos grandes crimes; são os soberanos que fazem os miseráveis, e eles responderão neste mundo e no outro pelos crimes que a miséria tiver cometido" (*apud* ROUANET, 1993, p. 19).

O sonho humano de uma ordem social em que todos pudessem satisfazer suas necessidades de vestuário, alimentação e moradia vem desde, pelo menos, Rousseau, que imaginava uma ordem de igualdade relativa em que "ninguém fosse tão pobre que precisasse vender-se nem tão rico que pudesse comprar os outros" (*apud* ROUANET, 1993, p. 19). A emergência do trabalhador livre, vendendo sua força de trabalho num mercado de trabalho cada vez mais amplo parecia ser a solução para todos os problemas de ordem econômica, apesar de a realidade não ter se revelado muito mais animadora do que já havia demonstrado até então.

A efetivação desse direito fundamental acontece à medida que o indivíduo trabalha e, assim, impondo-se à natureza, faz-se senhor de bens. O trabalho é a fonte constitutiva da posse individual dos bens necessários à autoconservação. Uma vez que o homem não é pensável sem a propriedade, esta é um direito natural, já que condição insuperável da efetivação do ser-homem, e a apropriação individual dos bens, à medida que torna efetivo o fim da vida humana, é a base do bem comum, portanto a exigência ética fundamental. A economia emerge assim como a mola principal do progresso na vida humana, que consiste precisamente no avanço do que agora constitui seu único fim: a satisfação de necessidades (OLIVEIRA, 1993, p. 22).

Temos, pois, que o projeto civilizatório da modernidade trazia para o terreno da luta política os antigos sonhos de liberdade e emancipação humana e atribuía aos próprios homens a tarefa de construir o sentimento de todos pertencerem à universalidade do humano, individualizados como pessoa e autônomos como cidadãos portadores de direitos.

Direitos de cidadania como uma conquista

Contudo, mais de duzentos anos já se passaram desde a primeira Declaração e é forçoso reconhecer que uma coisa é o que está no projeto e outra, bem distinta, é a que caracteriza a realidade. Nesse período houve conquistas e retrocessos no que se refere aos direitos de cidadania e os julgamentos a esse respeito são os mais diversos possíveis. Sérgio Rouanet, por exemplo, é severo no seu diagnóstico: o projeto civilizatório da modernidade, a Ilustração, está em crise no mundo inteiro, e, no Brasil, "estamos vivendo a revolta antimoderna que hoje grassa no mundo sem jamais termos vivido a modernidade." E não se trata de uma crise conjuntural ou pontual, mas de um questionamento ou rejeição total dos princípios e valores da Ilustração. "Como a civilização que tínhamos perdeu sua vigência e como nenhum outro projeto de civilização aponta no horizonte, estamos vivendo, literalmente, num vácuo civilizatório. Há um nome para isso: barbárie" (ROUANET, 1993, p. 11).

O exercício levado a efeito por Rouanet consiste em apontar o modo como o ideário do projeto civilizatório da modernidade se materializou ou não no liberal-capitalismo, tal qual se consolidou nos dois séculos seguintes, e no socialismo, que pretendeu disputar com ele a hegemonia econômica, política e cultural a partir do final do século XIX. O balanço geral a que ele chega não é dos mais alentadores, uma vez que o resultado do seu diagnóstico é que os elevados ideais da Ilustração foram sendo sistematicamente solapados ao longo dessa trajetória. Esse é um balanço não muito diferente daquele realizado por Berman (1988) ao ler os modernistas do século XX. Diferentemente de Berman, porém, que está interessado em voltar aos modernistas do século XIX, tentando buscar neles as referências para ler as modernidades do século XX, Rouanet volta ao século XIX para tentar recuperar os próprios elementos constitutivos da modernidade, numa tentativa de levar adiante a cruzada pela emancipação humana.

De fato, não faltam motivos para afirmar, no que se refere à formação do cidadão, que há quase tudo por ser feito. Existem, é verdade, notáveis conquistas dos direitos de cidadania em diversos países, sobretudo com experiências que permitiram avanços significativos no modo de vida de grande parte da população, traduzidas em aumento da média de idade, indicadores de saúde, educação e segurança, aquilo que permite classificar as diversas sociedades de acordo com um Índice de Desenvolvimento Humano (IDH). Mas, apesar de as relações de servidão seguramente fazerem parte do passado, cálculos recentes ainda apontam a existência de mais de 27 milhões de escravos no mundo (COCKBURN, 2003), o que não pode ser lido senão como uma excrescência.

Além disso, não podemos esquecer das atrocidades vividas no século XX, muitas das quais se tornaram mundialmente visíveis e denunciadas, como o nazismo, o fascismo e o stalinismo. Terminada a Segunda Grande Guerra, foi necessário, mais uma vez, lembrar a todos os povos que todos os homens são iguais e livres em dignidade. E essa continua sendo uma das mais nobres tarefas da educação, isto é, difundir para todo o mundo que não há mais lugar para os campos de concentração, o racismo, a exclusão social, a xenofobia, o sexismo. Esse foi o propósito que norteou a elaboração da Declaração Universal dos Direitos do Homem, pela Organização das Nações Unidas (ONU). Essa Declaração foi promulgada a 10 de dezembro de 1948, ainda sob os escombros da Segunda Guerra. Ainda que a própria ONU não esteja livre das contradições reais vividas pelos países que representa, sua Declaração é um instrumento norteador dessa luta incessante pelos direitos humanos e contra a opressão.

Da mesma forma que os representantes do povo francês recomendaram, em1789, que a sua Declaração estivesse "presente constantemente a todos os membros da comunidade social" para os lembrar "sem cessar, de seus direitos e seus deveres", também a Assembleia da ONU recomendou que seu texto "fosse disseminado, mostrado, lido e explicado principalmente nas escolas e outras instituições educacionais, sem distinção nenhuma baseada na situação política dos países ou territórios."[18] No seu artigo VII, a Declaração de 1948 diz que "todos são iguais perante a lei e têm direito, sem qualquer distinção, a igual proteção da lei." No artigo XIX, ela diz que "todo homem tem direito à liberdade de opinião e expressão". E, ainda, no artigo XXIII, algumas recomendações que merecem ser transcritas por inteiro:

> 1 – Todo homem tem direito ao trabalho, à livre escolha de emprego, a condições justas e favoráveis ao trabalho e à proteção contra o desemprego.
>
> 2 – Todo homem, sem qualquer distinção, tem direito a igual remuneração por igual trabalho.

---

[18] DECLARAÇÃO UNIVERSAL DOS DIREITOS DO HOMEM, 1948.

3 – Todo homem que trabalha tem direito a uma remuneração justa e satisfatória, que lhe assegure, assim como à sua família, uma existência compatível com a dignidade humana, e a que se acrescentarão, se necessário, outros meios de proteção social.

4 – Todo homem tem direito a organizar sindicatos e a neles ingressar para proteção de seus interesses.

Torna-se claro, portanto, que uma coisa é reconhecer direitos e expressá-los em leis. Coisa muito diferente é efetivar esses direitos, sobretudo quando eles expressam valores que entram em choque com outros valores "que são tão sagrados para os outros quanto os nossos para nós", como escreveu Weber. Entre o formal e o real há longas distâncias a serem percorridas e muitas batalhas a serem travadas. E isso depende de intensa luta política, mobilização de interesses e enfrentamento de pesadas relações de força. De qualquer forma, deve-se notar que os ideais de cidadania se constituíram a partir de demandas por aquilo que veio a ser chamado de direitos civis (direito à vida, à liberdade de ir e vir, à autonomia do pensamento), direitos políticos (direito de fazer parte do contrato social, isto é, de votar e de ser votado e de expressar livremente seus interesses, suas bandeiras políticas) e direitos sociais (direito de participar da distribuição da riqueza socialmente produzida).

Na velha Europa, como analisa Thomas H. Marshall (1967), esses direitos foram se constituindo historicamente, sendo que a luta pelos direitos civis caracterizou o século XVIII, a conquista dos direitos políticos caracterizou o século XIX e os benefícios sociais foram a temática principal dos movimentos sociais da virada do século XIX para o XX. No Brasil, entretanto, essa trajetória não pode ser vista dessa maneira. No final do século XIX, o mais elementar direito civil, a liberdade, não existia para grande parte da população em decorrência da escravidão ainda existente. Quanto aos direitos políticos, é necessário lembrar que somente a Constituição de 1988 garantiu a universalidade do voto. Quanto aos direitos sociais, eles não existem hoje para milhões de brasileiros que estão abaixo da dignidade humana, como a própria imprensa tem sido pródiga em denunciar.

Isso faz com que se evidencie, entre nós, a sensação de crise de que fala Rouanet, isto é, o fato de não terem se realizado minimamente alguns dos elevados ideais da Ilustração. Não é difícil perceber que a educação, sobretudo a de elevada qualidade, em vez de direito, continua sendo um privilégio. Mais fácil, ainda, é perceber que a lei, que deveria ser a mesma para todos, tem validade, de fato, apenas para alguns. Além de gerar expressões de natureza cômica, como "todos são iguais perante a lei, mas uns são mais iguais que outros", ou, "aos amigos tudo, aos inimigos os rigores da lei", esse cenário gera, também, um profundo descrédito na política, chegando-se a confundir a defesa dos Direitos Humanos com a "defesa de bandidos", como vulgarmente o senso comum tem se referido ao tema.

Mas torna-se evidente que o centro da discussão se situa em tratar a cidadania não como uma doação generosa de alguém, mas sim uma conquista, uma dura conquista à qual todos nós somos chamados a participar. Desde o século XVIII que a luta pela cidadania é uma constante nas reivindicações de trabalhadores e excluídos. Se nem todos ainda atingiram o *status* de cidadão é porque, apesar da vontade, as contradições da realidade ainda não o permitiram. Entre a proclamação da cidadania para todos e a sua efetivação como um dado da realidade, há um longo caminho a percorrer. Entender como se estruturam as relações de poder, sejam elas de poder econômico, político, cultural ou ideológico, pode contribuir bastante para a identificação dos fatores que têm impedido que essa construção se efetive. Para que esse entendimento seja possível, a educação é o pré-requisito fundamental. Como afirma Thomas Marshall:

> O direito à educação é um direito social de cidadania genuíno porque o objetivo da educação durante a infância é moldar o adulto em perspectiva. Basicamente, deveria ser considerado não como o direito da criança frequentar a escola, mas como o direito do cidadão adulto ter sido educado. [...] A educação é um pré-requisito necessário da liberdade civil (MARSHALL, 1967, p. 73).

Claro está que, nesses duzentos anos, o modo capitalista de produção consolidou-se, as desigualdades se tornaram a cada dia mais visíveis, a burguesia transformou-se de classe revolucionária em classe conservadora, a luta por transformação social e política foi deslocada para o movimento socialista, novos focos de conflito cultural emergiram, a escola modificou-se muito com o tempo, novos projetos pedagógicos sempre estão vindo à tona.

Porém, não há como negar que, apesar de antiga, a luta pelos direitos continua mobilizando pessoas em todas as partes do mundo em defesa de um projeto de sociedade menos desigual. Essa luta continua em vários espaços sociais e tem sido evocada como horizonte para os homens e mulheres que têm esperança, pois democracia e cidadania não constituem um dado, e sim uma conquista. A educação é, pois, um direito de cidadania e é, também, ao mesmo tempo, uma condição necessária para que sejamos capazes de entender o que está em jogo na difícil luta pela conquista de direitos.

CAPÍTULO VIII

Educação e mudança social

No contexto das revoluções burguesas, ao final do século XVIII, a burguesia já estava se tornando *classe dominante* em decorrência da afirmação das novas relações capitalistas de produção. Isso quer dizer que ela era a classe proprietária dos meios de produção econômica ou dos bens que, a partir de então, passaram a ser tomados como referência de valor. Isso, porém, não bastava. Era preciso que ela se tornasse *classe dirigente,* o que significa que a burguesia precisava de meios através dos quais pudesse difundir suas ideias e seus ideais para o maior número possível de pessoas. Era preciso, naquele momento histórico, que ela exercesse uma direção. E mais. Era preciso que a burguesia convencesse às pessoas de que os ideais burgueses eram universais. Era preciso dizer a todos que os seus ideais de liberdade, igualdade e fraternidade eram a condição necessária à construção da democracia e da cidadania.

De que instrumento a burguesia se serviu? Ela se serviu da escola. Não de qualquer escola, mas da escola da República, da *res publica*, direito do cidadão e dever do Estado. Na luta contra o domínio cultural da Igreja católica, que se associou à nobreza ao longo da Idade Média, os pensadores sociais burgueses passaram a reivindicar uma escola subordinada ao Estado, dissociada de qualquer filiação religiosa, autônoma frente à religião, isto é, laica. É a partir desse momento que começam a ser constituídos os sistemas nacionais de ensino. Isso acontece de modo diferenciado de acordo com cada nação, mas a escola passa a ser uma realidade cada vez mais notável no ambiente cultural da modernidade.

Sistemas de ensino e mobilidade social

A ideia central e comum que norteia os sistemas nacionais de ensino é que cabe ao Estado construir escolas em todos os pontos do território nacional, formar os professores para nelas atuar, elaborar os currículos aos quais todas devem se submeter e mandar que todas as crianças as frequentem. De início a educação escolar é vista como um direito. Depois ela se transforma numa obrigação passível de punição aos pais que não mandarem seus filhos à escola. A escolarização sai do arbítrio individual ou familiar e começa a ser amplamente internalizada como hábito. Atualmente, a chamada escola tradicional é condenada em todos os meios. Mas não se pode esquecer que, na sua origem pelo menos, ela estava associada a uma intenção revolucionária: estabelecer o princípio da igualdade de todos diante da razão e, por extensão, formar o cidadão do qual tanto se fala nos nossos dias (SAVIANI, 1991).

Na Europa, os Sistemas Nacionais de Ensino são uma construção do século XIX. No Brasil, é uma construção do século XX e ainda há amplo debate em torno da constituição desse sistema entre nós. Para Demerval Saviani, a educação doméstica não constitui um sistema. Ao sair do ambiente doméstico e do arbítrio individual, contudo, a educação adquire uma dimensão pública que exige uma regulamentação da oferta, o que implica construção de uma rede física, a formação e a contratação de professores, a definição do que e de como ensinar, etc. Porém, ele adverte:

> Na base desse uso difuso do conceito de sistema na educação está a noção de que o termo "sistema" denota conjunto de elementos, isto é, a reunião de várias unidades formando um todo. Daí a assimilação do conceito de sistema educacional a conjunto de unidades escolares ou de rede de instituições de ensino. Assim, normalmente quando se fala em "sistema público de ensino", o que está em causa é o conjunto das instituições públicas de ensino; quando se fala em sistema particular de ensino, trata-se da rede de escolas particulares; ao se falar em sistema superior de ensino, sistema de ensino profissional, sistema de ensino

INTRODUÇÃO À SOCIOLOGIA DA EDUCAÇÃO

primário, igualmente a referência são as redes de escolas superiores, profissionais ou primárias e assim por diante. [...] Mas é preciso considerar que, para lá dessas acepções, o conceito de sistema não se resume à ideia de rede de escolas. Para lá dessa acepção, o termo sistema denota um conjunto de atividades que se cumprem tendo em vista determinada finalidade. E isso implica que as referidas atividades são organizadas segundo normas decorrentes dos valores que estão na base da finalidade preconizada. Assim, sistema implica organização sob normas próprias (o que lhe confere um elevado grau de autonomia) e comuns (isto é, que obrigam a todos os seus integrantes) (Saviani, 2008, p. 215).

Como foi dito acima, nos países europeus esses sistemas nacionais de ensino foram construídos ao longo do século XIX. Mas foi, também, ao longo desse século, que os ideais de liberdade e igualdade trazidos pelo liberalismo começaram a ser questionados. Ao mesmo tempo em que o modo de produção capitalista se mostrava cada vez mais eficiente ao produzir mercadorias, ele ia demonstrando cada vez mais dificuldade de garantir as mesmas oportunidades para todos. O capitalismo concorrencial foi se transformando em capitalismo monopolista, isto é, um capitalismo de grandes empresas que monopolizavam a produção em determinados setores, formando grandes conglomerados internacionais e impedindo e/ou dificultando a concorrência. Quanto mais se ampliavam as relações de mercado, mais visíveis se tornavam as desigualdades sociais e econômicas. Ao mesmo tempo, contudo, foi a esse novo modo de organizar o trabalho na grande empresa que mais se associou a necessidade da escolarização.

Em texto publicado originalmente em 1951, o sociólogo norte-americano C. Wright Mills fez uma análise do que ele chamava de "modelos de êxito", aquilo que podemos reconhecer hoje amplamente como mobilidade social. Esses modelos de êxito eram o *empresarial* e o *white collar* (colarinho branco, isto é, trabalhadores de escritórios), que ele associava, respectivamente, à "velha classe média" e à "nova classe média" americana.

Esses "modelos de êxito" se ligam a dois momentos distintos da evolução do capitalismo. O modelo empresarial se liga à primeira fase do capitalismo, ou capitalismo concorrencial. Nesse caso, o sucesso ou a ascensão social baseava-se em uma economia de inúmeros pequenos proprietários. Nesse contexto, a mobilidade social não está diretamente ligada à escolarização, mas à capacidade de empreendimento, trabalho metódico e dedicação aos negócios. Segundo Wright Mills:

> No mundo de pequenos empresários, pouca ou nenhuma preparação escolarizada era necessária para o sucesso e muito menos ainda para a sobrevivência: a pessoa era persistente ou corajosa, tinha bom senso e trabalhava duramente. A educação escolar pode ter sido encarada como o principal caminho para a igualdade social e liberdade política e como um auxílio para encontrar oportunidades que premiassem apropriadamente a capacidade e o talento; não era, porém, a grande avenida do progresso econômico para a maioria da população (MILLS, 1987, p. 272).

Coisa muito diferente começa a acontecer à medida que o capitalismo monopolista passa a adquirir preponderância sobre o capitalismo concorrencial. O capitalismo da grande empresa não elimina a concorrência nem as médias e pequenas empresas. Porém, a sobrevivência delas se torna muito mais difícil, porque a competitividade torna-se muito desigual. Num sistema de grande empresa centralizada, o modelo de sucesso sai da esfera do empreendimento e converte-se em um padrão de ascensão dentro e entre as hierarquias preestabelecidas. Em outras palavras, o sucesso se liga à possibilidade de ocupar cargos cada vez mais altos na hierarquia, o que geralmente exige um grau de escolarização cada vez mais elevado.

Nesse caso, a ascensão social não passa mais pela aquisição de propriedade, mas pela subida na hierarquia ocupacional da empresa. A propriedade torna as possibilidades de ascensão cada vez mais restritivas porque só aquelas pessoas que já a possuem podem alcançar o sucesso nela baseado, diz Wright Mills (1987). A passagem do capitalismo concorrencial para o monopolista traz uma significativa mudança na função social da escola e da

INTRODUÇÃO À SOCIOLOGIA DA EDUCAÇÃO

expectativa que se tem dela para se alcançar o sucesso. Pelo menos em algumas das fases de maior expansão do capitalismo, a escola funcionou, de fato, como fator de mobilidade social, sobretudo a mobilidade entendida como ascensão social.

Esse modelo de sucesso "funcionou" na medida em que se ampliavam as oportunidades ocupacionais na grande empresa e que a escola a ele correspondia, colocando no mercado um número cada vez maior de diplomados dispostos a conquistar uma vaga de funcionário. Vários foram os fatores que permitiram esse funcionamento. O principal deles foi a expansão econômica global, com a emergência e consolidação de um amplo setor de serviços caracterizado principalmente pelos escritórios, onde se concentravam os funcionários especializados. Sob o domínio do taylorismo/fordismo[19] que presidiu a organização do trabalho durante a maior parte do século XX, a expansão do capitalismo ampliou efetivamente as oportunidades ocupacionais para aqueles que tinham a posse de um diploma de nível superior.

Entretanto, foi se tornando cada vez mais difícil estabelecer uma correlação direta entre educação escolar e mobilidade social, entre diploma e emprego/salário, entre crescimento da escolarização e desenvolvimento social, político, econômico e cultural. Ao longo do tempo, foi havendo uma mudança na organização geral da produção, que consiste em ocupar, em termos relativos e, por vezes, absolutos, um número cada vez menor de pessoas em todos os setores da economia. O fechamento de milhares de postos de trabalho por uma mesma empresa é notícia rotineira na imprensa internacional. Isso pode acontecer pela incorporação de máquinas ao processo produtivo (robôs na indústria e computadores nos escritórios), pela reestruturação da hierarquia (eliminação de

---

[19] Em 1911, Taylor publicou seu *Princípios de Administração Científica* que se constituiu, a partir de então, na Bíblia do planejamento racional do trabalho. Pouco tempo depois, em 1914, Ford montou a primeira "linha de montagem", que se tornou literalmente o carro-chefe da organização da indústria ao longo do século XX. O binômio taylorismo/fordismo passou a caracterizar o modo como o capitalismo organizou a produção a partir de então (Cf. BRAVERMAN, 1987).

COLEÇÃO BIBLIOTECA UNIVERSITÁRIA

postos de chefia, gerência, supervisão) ou pela combinação desses com outros fatores sazonais, como em caso de guerras.

Em nome da competitividade as grandes empresas passaram a eliminar postos de trabalho intermediários, exatamente os que ocupavam a grande massa de trabalhadores de formação média e superior. Isso acontece no momento mesmo em que as escolas ampliam a concessão de diplomas. Rompe-se, pois, o equilíbrio entre a concessão de diplomas e a estrutura ocupacional na grande empresa. O resultado é que as possibilidades de ascensão social via diploma tornam-se cada vez mais restritas. A frase-síntese do texto de Wright Mills é: "A educação (escolar) atuará como instrumento de obtenção do sucesso somente até quando as necessidades ocupacionais de uma sociedade o exijam" (MILLS, 1987, p. 278).

As dimensões da mudança

Essa discussão sobre os limites da educação escolar como fator de mobilidade social vem a propósito de outra forte associação que o senso comum credita à educação. Além das expectativas depositadas na educação relativamente ao papel que ela deveria desempenhar sempre, atuando como fator de mobilidade social, outra ideia recorrente é a que associa a educação ao processo mais geral de mudança social. Como já foi dito anteriormente, em vários momentos, a associação entre educação e modernidade é, antes de tudo, uma aposta na educação como fator de mudança.

Mas aqui, algumas perguntas se fazem necessárias: o que é mudança social? Em que direções as mudanças ocorrem? Quem se beneficia do ritmo frenético das mudanças operadas pela modernização em nossos dias? Em que sentido podemos falar da educação como fator de mudança social? Como é possível fazer do conhecimento um instrumento de mudança das nossas práticas pedagógicas? Como colocar essa pedagogia a serviço da melhoria da qualidade de vida da população como um todo e não apenas de alguns indivíduos?

Na Introdução deste livro, foram discutidas as questões apontadas por Wright Mills, que vê o ritmo frenético das mudanças submetendo as pessoas à sensação de encurralamento.

Podemos nos apoiar agora em outro autor, também já discutido anteriormente, e explicitar o modo como ele analisa esse processo. Segundo Jean-Claude Forquin:

> Que o mundo muda sem cessar: eis aí certamente uma velha banalidade. Mas para aqueles que analisam o mundo atual, alguma coisa de radicalmente nova surgiu, alguma coisa mudou na própria mudança: é a rapidez e a aceleração perpétua do seu ritmo, e é também o fato de que ela se tenha tornado um valor enquanto tal, e talvez o valor supremo, o próprio princípio de avaliação de todas as coisas (FORQUIN, 1993, p. 18).

Citando Paul Lengrand, continua Forquin:

> "O que é novo é a aceleração do ritmo das transformações. As inovações que, antigamente, exigiam o trabalho de várias gerações têm lugar atualmente numa só geração. De dez em dez anos os homens são confrontados com um universo físico, intelectual e moral que representa transformações de uma tal amplitude que as antigas interpretações não são mais suficientes." [...] Com a irrupção da "modernidade" é a paisagem que se transforma e se desfaz diante de nós numa rapidez sempre crescente. Em que o mundo muda, por que, e em quais direções? Para a maior parte dos analistas, é do lado da técnica que é necessário buscar a explicação, é ela que constitui a variável chave cuja evolução comanda todas as outras. Mas fenomenologicamente, para aquele que, aqui e agora, realiza a experiência da transformação do mundo, o que conta é o próprio fato da mudança, esta aceleração, esta dinâmica de extravasamento, de esgotamento e de impaciência que parece tornar a adaptação cada dia mais saturada (FORQUIN, 1993, p. 19).

Não se trata, então, de perguntar pela mudança ou de continuar repetindo ilusoriamente que a tarefa da educação é formar pessoas capazes de mudar o mundo, porque esse mundo muda independentemente disso. Certamente já estaria de bom tamanho se a educação permitisse a todos a capacidade de compreender esse ritmo frenético. É a imagem daquilo que Marshall Berman (1988) chamou apropriadamente de "autodestruição inovadora" e David

Harvey (1993) interpretou, recuperando Nietzsche, como "criação destrutiva" e "destruição criativa". Durante algum tempo, a partir do final do século XVIII até meados do XX, as mudanças foram vistas como um processo que deveria estar submetido ao controle humano, que atribuiria um ritmo e uma direção àquilo que, de modo geral, era parte do entusiasmo suscitado pelo projeto civilizatório da modernidade e atendia pelo nome de progresso. No século XX, essa mudança parece ter escapado a qualquer perspectiva de controle, o que parece jogar por terra todas as concepções de projeto que tanto marcaram a modernidade.

A partir de meados do século XIX, dois projetos construtivos, de inspiração iluminista, ganharam relevância: o liberal--positivista[20] e o socialista.[21] Apesar das diferenças fundamentais quanto aos objetivos propostos e aos meios mobilizados para alcançá-los, esses dois projetos tinham em comum a herança dos ideais iluministas da valorização da ciência e da razão, cuja materialização se manifestou no "desencantamento do mundo" e na racionalização secularizada de todas as esferas da vida cotidiana. Além disso, positivistas e socialistas sustentavam-se em uma visão unificadora de ordenamento do mundo. Como escreveu Evaristo de Moraes Filho, o século XIX se caracterizou como um "século de todas as lutas, de todas as ideologias, com plena consciência de si mesmo e de que ali se forjava o futuro da humanidade. Pela primeira vez na história, compreenderam os homens que poderiam fazer sua própria história" (MORAES FILHO, 1989, p. 39). A crença, por um lado, no progresso capitalista, e por outro lado, na revolução socialista, fez do século XIX, sobretudo, uma *era da certeza*, na expressão de John Kenneth

---

[20] Ainda que se nutrissem um do outro e se complementassem em vários aspectos, como por exemplo, quanto ao ideal de ordem e progresso, principalmente na vertente organicista, positivismo e liberalismo não podem ser confundidos. Como se sabe, os liberais defendiam um Estado mínimo enquanto os positivistas viam o Estado como agência reguladora dos conflitos entre capital e trabalho.

[21] Ainda que não desprezassem o papel da escola na construção de uma sociedade unificada (escola unitária) e livre da opressão, Marx e Engels depositaram suas crenças construtivas na capacidade revolucionária do proletariado.

Galbraith (1986). Ele é o século que parece ter despertado uma multidão de pensadores e revolucionários que tinham plena segurança de que poderiam não apenas conhecer o mundo, mas sobretudo direcionar o curso das mudanças de acordo com seus projetos, como descreve magistralmente Edmund Wilson em *Rumo à Estação Finlândia* (Wilson, 1986).

É em meio a esse entusiasmo que se consolida a escola moderna e o ideário otimista a seu respeito. O ideal iluminista da escola é ilustrar os indivíduos e, por essa via, garantir a igualdade de todos diante da razão. Afirma-se, vigorosamente, o ideal da educação como direito do cidadão e dever do Estado. De acordo com Rouanet (1993), até então a inteligência humana havia sido tutelada, principalmente pela autoridade religiosa. Durante milênios o gênero humano tinha vivido em estado de menoridade. Tratava-se agora de sacudir todos os jugos que tolhiam a liberdade de pensar, de desprender a razão de todas as custódias, de aceder e promover o acesso à condição adulta, isto é, alcançar a maioridade, na acepção kantiana do termo. Destacando Rouanet:

> Era importante, para isso, criticar a religião, principal responsável pela paralisação da inteligência, e em geral todas as ideias que pretendessem substituir as igrejas em seu papel de infantilização do homem, e que a esse título funcionavam como agentes auxiliares do despotismo. Donde a importância crucial da educação, única forma de imunizar o espírito humano contra as investidas do obscurantismo. Donde a importância da ciência, que substituía o dogma pelo saber, ou, para usar metáforas da época, que dissipava com a luz da verdade as quimeras e fantasias da superstição (Rouanet, 1993, p. 16).

Foi a partir de meados do século XIX que se constituíram as ciências sociais, entre elas a Sociologia, como já foi dito anteriormente. A maior parte da bibliografia sobre o nascimento e a consolidação dessas ciências destaca a necessidade de dar uma resposta à "questão social" decorrente das transformações produzidas pela modernidade. Também já foi dito que as ciências sociais somente se tornaram possíveis porque foi operada uma mudança fundamental no modo como a modernidade permitiu visualizar a relação homem-natureza: há não apenas o reconhecimento do homem como um ser no mundo, independente dos desígnios divinos e dos imperativos cósmicos, mas o entendimento de que ele pode ser tomado como objeto de estudo. Foi com isso que se ocuparam vários homens de ciência no final do século XIX e várias foram as respostas que eles produziram. A Sociologia, assim como a Antropologia e a Ciência Política, é um legítimo produto da modernidade. Sua promessa, no entanto, vai além do conhecimento: ela pretende radicalizar o projeto civilizatório da modernidade, sobretudo na aposta que ele fazia no uso da razão e do conhecimento científico como fundamentos da ação humana no mundo.

Mudança social e positivismo

Nenhum estudo sobre educação e as expectativas de que ela se constitua em instrumento de mudança social pode passar ao largo do positivismo, que dominou, juntamente com o liberalismo, como método científico e como doutrina, o pensamento do século XIX. Como método, ele se sustenta na "certeza rigorosa dos fatos de experiência como fundamento da construção teórica; como doutrina, apresentando-se como revelação da própria ciência" (RIBEIRO JR, 1985, p. 14). Ou seja, o positivismo não opera apenas como construção teórica que permite o conhecimento da mecânica e da dinâmica do universo e da evolução geral do gênero humano, mas como regra por meio da qual o conhecimento científico deve orientar a ação no mundo ("conhecer para prever e prover"). Ele configura o conjunto de postulados que mais sustentação dá à aposta na educação como fator de reconstrução social, isto é, de reordenamento das relações sociais em conflito e de estabelecimento das coordenadas necessárias ao progresso material e moral da espécie humana.

A despeito das críticas às quais tem sido sistematicamente submetido e de certo desprezo com que passou a ser tratado na academia, sobretudo por aqueles que reivindicam uma filiação a uma ciência social de cunho marxista, o positivismo continua com lugar garantido na pesquisa, sobretudo pelo rigor analítico que ele reivindica para seu método. De modo geral, a crítica mais comumente feita ao positivismo, qual seja, a de que ele reivindica uma neutralidade do pesquisador diante da realidade, é provavelmente a mais frágil e a menos relevante. Ela somente contribui para confundir a busca de um conhecimento objetivo da realidade social com a militância do pesquisador. Além disso, como essa crítica, de modo geral, deriva de uma leitura superficial e carregada de má fé – em que se estuda o positivismo para negá-lo *a priori* –, ela nem mesmo se preocupa em mostrar a qual dos positivismos se refere, uma vez que não há um único positivismo, assim como não há um único marxismo.

Durkheim é o autor positivista mais amplamente reconhecido no campo das ciências sociais e da pedagogia, aquele a quem se deve boa parte do entusiasmo com que ainda hoje se olha para a educação como instrumento de reconstrução social. Mas o positivismo de Durkheim é de natureza muito diversa da dos autores nos quais mais se inspirou – Comte e Spencer – que, por sua vez, são muito distintos entre si. Por outro lado, Max Weber que muitas vezes aparece listado entre os positivistas, nada tem de positivista, enquanto Marx – que jamais seria admitido pelos marxistas como positivista – pode ser assim identificado, por reivindicar "a exatidão própria das ciências naturais" para o estudo das "mudanças materiais ocorridas nas condições econômicas de produção" (Marx, 1977b, p. 303).

Mas em que consiste o positivismo? Basicamente, o positivismo é uma filosofia que reivindica um rigoroso método de investigação científica que produza o conhecimento mais objetivo possível da realidade e, por essa via, possa elaborar leis com validade universal de explicação. Ele é o método por excelência das ciências da natureza, que foram se constituindo, no mundo moderno, desde Francis Bacon, John Locke e Isaac Newton, tendo por princípios básicos a observação, a experimentação, a comprovação e a generalização. Compõe, portanto, o quadro das ciências nomotéticas (*nomo = lei*) ou ciências positivas, que reivindicavam, para o trato do objeto das ciências humanas nascentes, o mesmo rigor metodológico adotado para as ciências da natureza.

Segundo Loïc Wacquant (1996), há pelo menos três grandes tradições do positivismo: a francesa, a alemã e a norte-americana. A primeira pode ser simbolizada pelo pensamento de Augusto Comte e Émile Durkheim, herdeiros de Condorcet e Saint-Simon; a segunda pelo chamado Círculo de Viena, cujo objetivo era "efetuar uma síntese de empirismo humano, positivismo comteano e análise lógica que livrasse para sempre a filosofia das ocas especulações da metafísica ao fundamentar firmemente todo o conhecimento na experiência" (WACQUANT, 1996, p. 593); e a terceira pelo chamado positivismo instrumental norte-americano. Para o que aqui nos interessa, vamos nos limitar a pontuar alguns dos elementos constitutivos dessa tradição francesa, não nos esquecendo do inglês Herbert Spencer, de quem Durkheim herdou o conceito de função para elaborar sua concepção funcionalista de sociedade.

Os formuladores originais do positivismo nas ciências sociais – ou que, pelo menos, reivindicaram o método positivista para análise dos fenômenos sociais – parecem ter sido Herbert Spencer e Augusto Comte. Durkheim foi devedor de ambos, mas seguramente elaborou um positivismo bastante diferenciado das formulações originais de Comte e Spencer. O que os unifica a todos como positivistas é a reivindicação que fazem de uma ciência positiva para a análise dos fenômenos sociais, se aproximando, portanto, apenas no que diz respeito ao método. Ainda assim, Durkheim, diferentemente do que aparece escrito em muitos manuais de Sociologia, não pretende adotar o método das ciências da natureza para explicar os objetos das ciências sociais, mas adotar nestas o mesmo rigor analítico presente naquelas (DURKHEIM, 1970). Quanto à doutrina, cada um tem a sua, aproximando-se, com muitas ressalvas, no que se refere à expectativa face ao papel da educação na sociedade.

O positivismo de Herbert Spencer é evolucionista e organicista. É organicista porque sua visão de sociedade – bem como o modo como ele explica seu funcionamento – é elaborada em analogia ao modo como funcionam os organismos vivos. Daí o emprego do termo função, que será a base do funcionalismo elaborado por Durkheim. Em linhas gerais, para o organicismo, do mesmo modo que os organismos vivos são compostos de partes (órgãos), cada uma com uma função específica, assim também são as sociedades humanas. O Estado é visto como um órgão integrador, o cérebro, e a sociedade é um organismo sujeito às mesmas regras de funcionamento dos corpos vivos. Além de integrador, o Estado é órgão submetido a um processo evolutivo, como todo o resto do corpo social, passando do estado militar, ao industrial, civil e liberal, no qual impera a lei e não a arbitrariedade do governante. Nas palavras de João Ribeiro Jr:

> E o governo, nesta sociedade, só tem por fim impedir o excesso do egoísmo, pois sua ação deve estar na razão inversa do progresso social. É simples protetor e não promotor de interesses. É um mal necessário, que, no futuro, poderá ser eliminado pelo completo desenvolvimento moral dos indivíduos, reduzindo, assim, a proteção governamental a um mínimo e a liberdade individual a um máximo. A natureza humana estará, desta forma, bem disposta para a disciplina social, bem apropriada à vida em sociedade, que não terá mais necessidade de coerção exterior, pois ela mesma se coibirá (RIBEIRO JR, 1985, p. 49).

O evolucionismo de Spencer foi fortemente derivado do evolucionismo de Darwin. Vem daí o fato de suas formulações serem conhecidas como darwinismo social. Segundo Terrell Carver, Darwin "rejeitava qualquer noção de progresso na transformação de indivíduos [...] e sentia fortes suspeitas das tentativas de se tirarem conclusões de sua obra que fossem aplicáveis à sociedade humana" (CARVER, 1996, p. 174). Não obstante essa suspeita, Spencer tirou suas próprias conclusões e as aplicou sem remorsos à explicação do enriquecimento que, sobretudo nos Estados Unidos, a revolução industrial produzia. John Kenneth Galbraith afirma que é a Spencer, e não a Darwin, como geralmente se imagina, que devemos a frase "sobrevivência do mais apto". Além disso, diz ironicamente Galbraith:

> Spencer tornou-se um evangelho americano porque suas ideias ajustavam-se às necessidades e anseios do capitalismo

COLEÇÃO BIBLIOTECA UNIVERSITÁRIA

americano, especialmente às dos novos capitalistas, como uma luva, ou até melhor do que isso. [...] Nunca antes, em qualquer país, tanta gente tornara-se tão rica e aproveitara tanto e tão bem a sua riqueza. E, devido a Spencer, ninguém precisava sentir-se nem um pouco culpado por causa de toda essa boa sorte (GALBRAITH, 1986, p. 37).

Assim como Spencer, Comte também era evolucionista. Ele sustentou que a humanidade passa inevitavelmente por um processo evolutivo em três fases, identificado como *lei dos três estados*. No primeiro estado, "teológico ou fictício", em que o mundo é ordenado pelo teocentrismo, a explicação dos fenômenos é remetida a uma dimensão sobrenatural. No segundo estado, "metafísico ou abstrato", em que a filosofia especulativa entra como componente explicativo, os fenômenos são explicados por referências abstratas, distantes, portanto, dos fenômenos empíricos. No terceiro estado, "científico ou positivo", o método científico entraria como componente explicativo e ordenador da realidade para se atingir a fase final do entendimento humano.

Ao contrário de Spencer, porém, Augusto Comte é de um tocante altruísmo e acreditava profundamente na capacidade humana de promover uma reforma social. Principal formulador do positivismo, discípulo de Saint-Simon, de quem foi secretário, ele não tinha dúvidas quanto ao "progresso das luzes" e o avanço da indústria como os fundamentos para a modernização da sociedade. Atormentado pela situação de exclusão de grande parte da população francesa de sua época, Comte achava ser possível elaborar uma ciência social positiva, que fosse para a sociedade o que a medicina era para os organismos vivos. Segundo Evaristo de Moraes Filho:

> Com total consciência da crise do seu tempo, de uma revolução em pleno desenvolvimento, que não terminava nunca, apontava Comte na Física Social (Sociologia) como ciência positiva, a única que faltava, o meio de poderem os homens conhecer o passado e dele extrair a linha evolutiva que os levaria a um futuro certo e inequívoco (MORAES FILHO, 1989, p. 16).

Essa ciência social era a única capaz de renovar os costumes, as ideias e a moral, medidas necessárias para reorganizar a sociedade. Daí a importância da educação, que deveria ser universal, abrangendo todas as classes da sociedade e todos os ramos do conhecimento humano, da matemática à moral. Se a realização individual era a condição para a realização coletiva, como admitia Adam Smith, somente através da educação todos teriam as mesmas oportunidades, ricos e pobres, burgueses e proletários, fazendo com que melhor se diferenciassem as vocações e aptidões pessoais, vindo cada qual a ocupar na sociedade o lugar que lhe fosse mais adequado (Moraes Filho, 1989, p. 31).

Durkheim, como já vimos na primeira parte, é herdeiro de algumas das principais formulações positivistas de Comte e Spencer, principalmente a reivindicação de fazer da Sociologia uma ciência positiva. No entanto, é um crítico severo de Comte que, segundo ele, não fez mais que projetar seu ideal de humanidade em vez de fazer dela objeto de investigação científica. Além disso, Durkheim não admite a concepção evolucionista nem de um nem de outro. Retoma o conceito de função de Herbert Spencer e elabora uma sociologia identificada como funcionalista. Entretanto, contrariamente ao individualismo liberal de Spencer, Durkheim centra sua análise no fato social, tratado como algo que se sobrepõe irresistivelmente ao indivíduo.

Na excelente Introdução que faz aos escritos de Durkheim sobre o socialismo, Luis Carlos Fridman (1993) chama a atenção para aspectos importantes da sua obra, geralmente negligenciados por boa parte dos seus críticos. Durkheim era um simpatizante da causa socialista, que procurou estudar e compreendê-la cientificamente como uma ideologia e como um projeto de reforma da sociedade. Suspeitava, no entanto, que não era pela via revolucionária proposta por Marx que essa reforma seria possível, porque os problemas do seu tempo eram mais de ordem moral que econômica. Esse é o elemento-chave que leva Durkheim a apostar na educação, porque somente através dela poderiam os homens restabelecer o altruísmo estilhaçado pela divisão do trabalho. Segundo Fridman:

O socialismo, para Durkheim, era primordialmente reforma moral. Seu diagnóstico geral da sociedade moderna sugeria que eram tempos dominados pelo individualismo, cujo conteúdo básico provinha da busca pela satisfação dos apetites e interesses individuais. O socialismo apresentava-se como solução para os problemas derivados do individualismo graças à possibilidade de mudança dos valores compartilhados pelos homens na vida coletiva. Como Marx, Durkheim via terror e maravilha no capitalismo e na evolução social: a sociedade se complexificara, o âmbito de cada atividade sofrera processos de intensificação e de especialização, em virtude da divisão do trabalho os indivíduos se diferenciavam mais e mais, e, na autonomia e na liberdade, o egoísmo proliferava (FRIDMAN, 1993, p. 11).

Era essa, portanto, a preocupação central de Durkheim em matéria de educação, isto é, ele tomou para si a tarefa de fazer da escola o *locus* de gestação e difusão de uma moral laica e racionalista, adequada ao estágio científico ou positivo que a humanidade começara então a atingir. Para Durkheim, a educação era objeto sociológico por excelência, pois que tratava da socialização das novas gerações. Com o fim da obrigatoriedade do ensino religioso nas escolas oficiais francesas, manifestação concreta e inequívoca do processo de secularização da vida cotidiana, a educação escolar tinha uma finalidade ainda maior: mais do que socializar ela tinha como tarefa difundir uma moral integradora e garantidora dos laços de coesão social, num contexto de intensificação do processo de divisão do trabalho. Interpretando Durkheim, Christian Baudelot diz que a sua Sociologia da Educação tinha dois propósitos construtivos fundamentais: 1) desenvolver uma moral laica e racionalista adequada ao grau de desenvolvimento da civilização e 2) permitir aos professores, através da análise científica e positiva dos sistemas de ensino, um "conhecimento de causa" para fazê-los funcionar adequadamente (BAUDELOT, 1991, p. 29-43).

Como já foi sistematicamente analisado na primeira parte do livro, Durkheim definia a educação como "a ação exercida pelas gerações adultas sobre as gerações que não se encontram ainda preparadas para a vida social", a qual tinha por objeto "suscitar e desenvolver, na criança, certo número de estados físicos, intelectuais e morais, reclamados pela sociedade civil no seu conjunto e pelo meio especial a que a criança, particularmente, se destine." Dessa forma, caberia à sociedade a definição dos meios e dos fins da educação, assim como o desenvolvimento de todos os esforços para que eles se realizassem. Como ele acreditava que a crise do mundo moderno era mais de ordem moral do que econômica seria possível rearticular as relações em crise a partir de uma clara definição dos objetivos a atingir e os meios mobilizados para sua realização. O problema, no entanto, é que uma sociedade cindida – pela divisão do trabalho, por classes sociais ou pela religião – não consegue chegar a um consenso do que seja educação nem consegue estabelecer objetivos unificadores para orientar clara e objetivamente suas ações.

A educação como técnica social

Não é possível falar da aposta na educação como fator de reconstrução social sem falar de Karl Mannheim. Esse sociólogo alemão – o "grande sociólogo", segundo Wright Mills (1987) – tinha uma postura substancialmente diferente quanto à concepção de educação, mas inteiramente sintonizada com o otimismo pedagógico de Durkheim. Ideólogo da sociedade democrática planificada, Mannheim se posiciona, entre os clássicos das Ciências Sociais, como possivelmente o mais otimista dos pensadores. Sua obra é elaborada num momento crucial da nossa história recente, em que predominava, de um lado, a tentativa de afirmação da democracia burguesa e, de outro, duas formas totalitárias de organização social e política, a saber, o nazi-fascismo e o stalinismo.

Notando ele que havia um desapontamento crescente tanto com o *laissez-faire* quanto com os totalitarismos (a sociedade de meados do século estaria vivendo um período de desintegração: "tudo se acha em estado de fluidez"), Mannheim (1973) não tinha dúvidas quanto à necessidade urgente de mobilizar esforços para a elaboração de uma terceira via às formas totalitárias de planificação, isto é, o "Terceiro Caminho" ou a "síntese da Terceira

Posição", - o novo padrão de sociedade planificada que, embora usando técnicas de planificação, manteria o controle democrático destas e preservaria aquelas esferas de liberdade e livre iniciativa que constituem, segundo ele, as genuínas salvaguardas da cultura e da humanidade.

Apesar de ter falhado miseravelmente quanto ao ideal da planificação democrática, a obra de Mannheim é bastante rica quando se trata de pensar as utopias humanas. Seu interesse é fundar o conhecimento da sociedade em bases científicas, bem à maneira dos positivistas, e fazer desse conhecimento o mote para a orientação da (re)construção social. Entretanto, como analisa criticamente Michael Löwy, citando Simmel, "a verdade objetiva da sociedade não é concebida como uma imagem de espelho independente do sujeito do conhecimento, mas sobretudo como uma *paisagem* pintada por um artista" (LÖWY, 1987, p. 17). Além disso, mesmo que se aproximem da realidade, artistas diferentes pintam paisagens igualmente muito diferentes, ainda que estejam diante do mesmo cenário.

Recuperando o complexo e polêmico conceito de ideologia em Marx e reunindo-o ao de utopia, entendida como "representações que transcendem a realidade", Mannheim (1986) procurava, ao mesmo tempo, desestruturar as representações da *falsa consciência* e edificar as representações adequadas e compatíveis com o ser-social-real. Para Marx, a ideologia designa o conjunto das ideias especulativas e ilusórias (ainda que socialmente determinadas) que os homens formam sobre si mesmos e sobre a realidade social, expressando-as através da moral, da religião, dos sistemas filosóficos, das doutrinas sociais e econômicas, etc. Mas para além da *falsa consciência*, a ideologia pode significar também o conjunto das concepções de mundo ligadas às classes sociais, o que permite falar em "luta ideológica", "ideologia revolucionária", "ideologia proletária". Isso supõe o entendimento de que há uma "má ideologia" quando ela serve aos interesses dominantes; e uma "boa ideologia" quando ela está a serviço da luta por mudanças na sociedade.

Mannheim (1986) fala, então, de uma "ideologia total" (*visão social de mundo*, segundo Löwy), definida como a estrutura

INTRODUÇÃO À SOCIOLOGIA DA EDUCAÇÃO

categorizada, a perspectiva global, o estilo de pensamento ligado a um sistema social, um conjunto articulado e estruturado de valores, representações, ideias e orientações cognitivas, internamente unificado por uma *perspectiva* determinada, por um certo *ponto de vista* ou uma *estrutura de consciência* socialmente condicionados. Mas fala da ideologia, também, num sentido mais "restrito", "particular": neste caso, ela designa os sistemas de representações, ideias e disfarces que se conflituam por portarem determinados interesses distintos entre os diversos sujeitos em questão, sejam eles indivíduos ou grupos. Conquanto ideologias, essas representações se orientam no sentido da estabilização e da reprodução da ordem vigente, ao contrário da utopia, que define as representações, aspirações e imagens-do-desejo que se orientam na direção da ruptura da ordem estabelecida e que exercem uma função subversiva quando se transformam em conduta e ação no mundo.

As visões de mundo podem ser ideologias (o liberalismo) ou utopias (a utopia pedagógica, a utopia socialista, a utopia da libertação). Elas podem combinar elementos ideológicos e utópicos (iluminismo), podem ter um caráter utópico, num dado momento, para transformar-se, em seguida, em ideologia (positivismo, algumas vertentes do marxismo) e podem, ainda, apresentar características ideológicas inicialmente e, posteriormente, serem consideradas utopias (historicismo).

Mannheim pode ser localizado no contexto de uma tentativa de síntese entre a cientificidade do pensamento positivista, a militância marxista e o relativismo do historicismo. Sua utopia é a "sociedade democraticamente planejada". Sua ideologia é a concepção que faz do "conhecimento científico da sociedade" a visão de mundo apropriada à elaboração das técnicas sociais para orientar a luta pela planificação. Como sociólogo do conhecimento, Mannheim sabia naturalmente da "dependência situacional" de todo conhecimento histórico, isto é, não existe conhecimento da história e da sociedade em que não penetre a posição filosófico-histórica do sujeito investigador (historicismo). Neste sentido, nada há de errado em que o investigador proclame uma "democracia militante", lutando para que se estabeleça uma "planificação para a liberdade e variedade", na qual se exerça a "síntese eclética". Diz ele:

> Enquanto funcionavam o costume e a tradição, a ciência social era desnecessária. A ciência da sociedade surgiu quando e onde o funcionamento automático da sociedade deixou de ser ajustado. Tornaram-se então necessárias a análise consciente da situação e a coordenação também consciente dos processos sociais (MANNHEIM, 1972, p. 233).

Mannheim (1972) enfatiza que a ideologia total, a perspectiva social global, não é somente fonte de erro ou ilusão. Ela é também fonte de lucidez e de conhecimento verdadeiro; ela abre o acesso a certos domínios da realidade, esclarece com acuidade certos aspectos do ser social. O condicionamento social do pensamento não significa ausência de conhecimento, mas sua "particularização", seus limites de validade. A questão, então, é: qual(is) a(s) posição(ões) mais se aproxima(m) da verdade?

Mannheim (*apud* LÖWY, 1987, p. 135) responde que "a consciência burguesa tem um interesse social vital em [...] ocultar [...] os limites de sua própria racionalização", o que teria sido desmistificado pelo marxismo, por ter este alargado o campo de visibilidade ao situar-se num observatório mais elevado. Porém, várias vertentes do marxismo, apesar de terem desmistificado as outras formas de pensamento, mostrando, sob a máscara de objetividade, da universalidade e da neutralidade, a sua verdadeira face, não conseguiu tirar a própria máscara.

Segundo interpretação de Michael Löwy (1987, p. 145), para Mannheim, "é exatamente aí que se situa a superioridade metodológica da sociologia do conhecimento sobre o marxismo: ela retira *todas as máscaras sem exceção* e mostra o caráter unilateral, ideológico, socialmente condicionado de *todas* as formas de pensamento e de conhecimento científico-social, inclusive o marxismo". Pergunta, então, Michael Löwy: "se todo pensamento ou conhecimento é dependente de uma perspectiva social e historicamente condicionada, e ligada a um ponto de vista social inevitavelmente parcial e tendencioso, como chegar à verdade objetiva ou ao menos a um *optimun* de veracidade cognitiva?" (LÖWY, 1987, p. 145)

A resposta de Mannheim é: a "síntese eclética". Trata-se de promover a complementaridade de pontos de vista diferentes e parciais e de atingir uma visão de conjunto pela *síntese dinâmica* dessas perspectivas unilaterais, fato que Mannheim tentou levar adiante não apenas para interpretar o mundo, mas também para orientar seu princípio utópico, isto é, construir uma sociedade democraticamente planificada (MANNHEIM, 1972).

Mannheim via a educação como o mais poderoso fator de dinamização das relações sociais, através do constante ato inovador do indivíduo. Ele havia diagnosticado a falência tanto do liberalismo quanto das tentativas de construção socialista, e acreditava na educação como instrumento eficaz de recriação de novas condições sobre as quais se pudesse edificar um novo mundo. No processo educacional, segundo ele, o indivíduo não apenas incorpora a herança cultural da humanidade, reproduzindo as experiências adquiridas anteriormente, mas, olhando-as de forma crítica e construtiva, torna-se capaz de reorganizar seu comportamento e contribuir para a reconstrução social:

> A ciência social há de proporcionar os conhecimentos básicos para a educação social, conceito utilizado com frequência mas raramente bem definido. A educação social não visa a criar um ser social gregário, mas procura estabelecer uma personalidade bem equilibrada, dentro do espírito da verdadeira democracia; a individualidade não deve desenvolver-se à custa do sentimento comunitário (MANNHEIM, 1972, p. 233).

Mannheim vê a educação como uma *técnica social*, um importantíssimo instrumento para a planificação democrática, e o homem educado como aquele que contribui eficazmente para a manutenção da sociedade democraticamente planejada. Ele, que conheceu as experiências totalitárias da Alemanha nazista e ficou encantado com a democracia inglesa, não titubeou em sugerir a união entre o que os dois modelos poderiam fornecer como matéria-prima para a edificação da nova sociedade.

COLEÇÃO BIBLIOTECA UNIVERSITÁRIA

Conforme a interpretação de Luiz Antônio Cunha (1975), Mannheim percebeu a eficácia da coordenação das técnicas de manipulação usadas na Alemanha nazista, principalmente para produzir, de modo generalizado, um determinado tipo de conduta e consciência. Em contrapartida, percebeu a ineficácia dos países democráticos em levar os indivíduos a agirem conforme os ideais professados. Notou, então, que os países democráticos tinham ideais elevados mas usavam técnicas equivocadas de inculcá-los, e os países autoritários utilizavam técnicas apropriadas para inculcar valores que deveriam ser rejeitados. Sendo assim, que mal poderia haver no fato de os países democráticos utilizarem técnicas severas de modo a que os valores elevados que proclamavam fossem inculcados nos indivíduos, sem ambiguidades, fazendo-os agir em conformidade com eles? Uma vez conseguida a superação da atual ordem de coisas, democratizando a sociedade, a tarefa da educação seria atuar no sentido de manter a sociedade democrática em funcionamento. Ou, ainda, nas palavras de Marialice Foracchi:

> A educação é, inquestionavelmente, um dos mais eficientes recursos de formação da personalidade e, enquanto tal, um tipo de atividade suscetível de exercer variadas influências na natureza e no ritmo da mudança social. É nos seus aspectos propriamente ativos – tais como, por exemplo, a prática educacional ou a orientação pedagógica – que se evidencia, de maneira mais conspícua, o caráter de manipulação intencional com o qual Mannheim caracterizava as técnicas sociais. Se a entendermos assim, não será difícil conjugarmos, no processo educativo, a transformação da personalidade individual com a transformação da sociedade (FORACCHI, 1982, p. 28).

Observa-se, pois, que não estamos falando de outra coisa senão do entusiasmo que o senso comum nutre pela educação. A questão seria, então, analisar como, no Brasil, esse entusiasmo saiu dos domínios da ciência social para atingir o senso comum. O ideal positivista da escola como entidade portadora de uma força construtiva contagiou o mundo da educação e, no Brasil, não foi diferente. Tal ideal impregnou-se, para usar um termo durkheimiano, na "consciência coletiva", com uma força irresistível. Não é possível, no momento, mais que apontar para as primeiras décadas do Brasil República e tentar encontrar, desde o final do século XIX, pelo menos, o esforço de se fazer da educação escolar o instrumento fundamental de construção do sentimento de nacionalidade. Há uma ampla bibliografia a esse respeito, apontando para as forças sociais que suscitaram e levaram adiante esse debate, um quadro em que liberais, positivistas e religiosos ocuparam amplamente a cena, tentando cada qual pintar o melhor retrato (Bosi, 1992; Nagle, 1977; Cury, 1988; Corrêa, 1988).

Nessa tentativa de promoção da mudança, a escola foi efetivamente *locus* de disputa de hegemonia cultural. Os republicanos que deram forma ao aparato burocrático-institucional do Estado brasileiro se digladiaram em torno das concepções liberais e positivistas de sociedade, vigiados de perto, no entanto, pelo braço forte da Igreja católica, que se reivindicava como entidade conatural à sociedade brasileira. Essa tensão entre um projeto de escola pública e laica e um projeto de escola sintonizada com os mais elevados ideais religiosos atravessa a história da educação brasileira no século XX. Uma Sociologia da Educação que se contente com a constituição do aparato escolar que transpôs para o Brasil os sistemas de ensino construídos na Europa e nos Estados Unidos pode se ocupar do mapeamento das redes de escolarização e o modo como foram se organizando ao longo das décadas. Uma Sociologia da Educação que pretenda avançar no estudo da relação entre educação e modernidade precisa ir além e tentar apontar como a disputa de hegemonia no campo da cultura fez da escola o palco da luta entre o Estado moderno e a Igreja, entre pensamento laico e pensamento religioso, entre diferentes visões de mundo que fazem da educação lugar de conflito mais que de consenso. Isso, no entanto, é objeto para outro livro.

Conclusão

Desde quando, ao final do século XVIII e início do XIX, no contexto das revoluções burguesas e seus desdobramentos, edificou-se e se consolidou o discurso da educação como direito do cidadão e dever do Estado, em todos os lugares onde a democracia burguesa assentou suas bases a luta pela efetivação desse discurso parece ter sido o elemento unificador do amplo debate que passou a compor o campo pedagógico. Por meio de instrumentos os mais diversos, no contexto das mais diferentes realidades econômicas, sociais, políticas e culturais e de enorme diversidade de personagens, de orientações e de práticas, esse debate teve em comum o princípio segundo o qual a cidadania era o fator constitutivo de uma sociedade de homens livres, autônomos e iguais em direitos e que caberia à escola formar os cidadãos de que essa ordem social se constituiria. Tomada, inicialmente, como instrumento de legitimação do ideário da burguesia revolucionária, a escolarização passou a ser vista cada vez mais como o elemento fundante do projeto civilizatório da modernidade.

Entretanto, como já é por demais conhecido, há uma enorme distância entre a produção de ideias, a edificação dos grandes ideais e a sua materialização, o que traz uma série de problemas a todos aqueles que dedicam suas vidas à tentativa de realizar o pressuposto segundo o qual o homem é o sujeito da história. Apesar da magistral formulação de Marx sobre o trabalho, para quem o que diferencia os homens dos animais é o fato de que aqueles figuram na mente sua construção antes de transformá-la em realidade, Weber advertiu apropriadamente que "os mais elevados ideais, que nos movem com mais vigor, sempre são formados apenas na luta com outros ideais que são tão sagrados para os outros quanto os nossos para nós."

Imaginemos esses ideais em confronto ao longo do tempo. Alguns orientam efetivamente lutas intensas contra as desigualdades historicamente constituídas; outros se materializam em interesses de classes em conflito ou se reificam em estruturas burocrático-institucionais, contribuindo para a reprodução e reforço dessas desigualdades; outros, ainda, se afirmam lutando numa direção contra as desigualdades e noutra pelo direito à diferença. Teremos, então, uma imagem aproximada do complexo problema com que se defrontam os profissionais do ensino: romper, pela educação, as barreiras que produzem as desigualdades sociais, ao mesmo tempo em que devem trabalhar pelo reconhecimento e respeito à alteridade, num contexto escolar em que essas desigualdades se manifestam de modo dramático e que a intolerância ainda se apresenta como um forte traço constitutivo da cultura.

O otimismo acerca das possibilidades humanas na luta pelo domínio da natureza e das condições que presidem a organização do mundo social adquire a sua forma moderna no século XVIII, com a Ilustração, e manifesta-se com todo o vigor ao longo dos séculos XIX e XX, principalmente no liberalismo, no positivismo e no socialismo. O que os iluministas tinham de novo, em relação a outras expressões culturais, como o Renascimento e sua forte conotação humanista e antropocêntrica, era uma inabalável crença nas possibilidades construtivas da razão e da ciência, e que essas possibilidades poderiam ser extensivas a todos os seres humanos. Apesar da diversidade de opiniões que esse espectro comporta, os iluministas tinham em comum a confiança na força ilustradora da razão, o que teve significativas repercussões no combate àquilo que, a partir de então, passava a ser associado às "trevas", isto é, o mundo medieval e todas as instituições que nele tinham lugar.

Ao edificarem a razão e a ciência como novos fundamentos de verdade, desautorizando a verdade revelada, os iluministas edificavam o projeto civilizatório da modernidade, buscando distanciar-se do dogma, da crença sem fundamento, da superstição

INTRODUÇÃO À SOCIOLOGIA DA EDUCAÇÃO

e da fantasia. Pelo uso da razão e do método científico, acreditavam poder não apenas conhecer o mundo circundante, mas também controlá-lo e transformá-lo de acordo com os interesses humanos, isto é, os interesses da burguesia nascente. Nesse projeto, a educação universal seria a via para a ilustração do espírito e a escola seria o seu lugar fundamental. Seu objetivo era desencantar o mundo, isto é, torná-lo cognoscível à luz da razão, desvelá-lo, quebrar seus encantos.

O Iluminismo oitocentista foi, pois, o coroamento de uma longa trajetória do pensamento moderno, desencadeada a partir do Renascimento cultural europeu do século XV e que estava francamente associada à emergência da ordem burguesa. Essa trajetória levou a uma nova forma de visualização do homem, da natureza e da relação entre ambos. Em contraposição a uma visão de submissão total do homem e dos fenômenos naturais aos desígnios divinos, edifica-se uma visão de interação homem-natureza orientada pelos desígnios da razão e do cálculo. O racionalismo e o cientificismo do século XVII tiveram profundos desdobramentos nos séculos seguintes, entre eles, a visualização da possibilidade de superação de uma concepção teocêntrica de mundo em favor de uma concepção antropocêntrica, a submissão do messianismo religioso aos domínios da ciência, a afirmação da racionalidade científica como um meio para a realização das utopias humanas.

É em meio a esse entusiasmo que se consolida a escola moderna e o ideário otimista a seu respeito. O ideal iluminista da escola é ilustrar os indivíduos, cultivar os espíritos e, por essa via, garantir a igualdade de todos diante da razão. Afirma-se, vigorosamente, o ideal da educação como direito do cidadão e dever do Estado. A nova classe dominante precisava da escola pública, estatal e universal como veículo de legitimação da ordem burguesa. Se a Igreja, principal guardiã da cultura, era também a principal agência educadora, tornava-se necessário edificar uma torrente de críticas aos seus métodos e edificar uma nova agência socializadora que lhe fizesse face. Inicialmente, essa crítica se restringe à Instituição religiosa e seus vínculos com o Antigo

Regime. Ao longo do século XIX, com a emergência das filosofias materialistas, é a própria religião que se torna objeto de combate. Não é possível desconsiderar o longo tempo percorrido entre o desencadeamento das revoluções burguesas, em meados do século XVIII, e a consolidação da burguesia no poder um século depois. Muito menos desconsiderar a complexidade que caracteriza as transformações materiais e ideais que aí tiveram lugar, assim como a vasta torrente de manifestações culturais e ideológicas subjacentes e as reflexões a seu respeito. Mas se tomarmos algumas vertentes de pensamento que ganharam relevância, a partir de meados do século XIX, encontraremos o que poderia ser visto como uma clara tendência de afirmação do processo de desencantamento do mundo e secularização cultural, o que não ocorreu sem intenso enfrentamento com a dimensão religiosa.

Correntes de pensamento tão amplas quanto diferentes, como o materialismo histórico, o evolucionismo, o positivismo e a psicanálise levaram adiante uma verdadeira cruzada contra a religião, o que, no limite, pôde-se falar na "morte de Deus". Na esteira do pensamento materialista que vinha se afirmando desde Diderot, Holbach e Feuerbach, outros pensadores mais influentes como Marx, Darwin, Comte, Durkheim, Nietzsche, Weber, Freud, entre tantos outros, apareciam não apenas como "mais um" a produzir um conhecimento que punha em xeque as concepções religiosas de mundo, mas um conjunto estruturado de ideias capazes de promover uma profunda mudança na estrutura do pensamento.

Essa mudança veio acompanhada não apenas de uma dimensão filosófica acerca do lugar do homem no mundo, mas da visualização da possibilidade de se exercer efetivo controle sobre as condições que presidem a vida no mundo. A afirmação da capacidade humana de orientar a sua ação diante dos fenômenos da natureza e de resolver problemas de forma autônoma e racional – o homem como sujeito da história – levou os homens modernos ao paroxismo da razão, isto é, com o avançar do tempo, nós, seres humanos, que nos diferenciamos dos animais pela capacidade de raciocinar e de criar, incorporaríamos uma capacidade ilimitada de equacionar e solucionar tanto os problemas do mundo físico circundante, quanto os do mundo social, político e econômico.

O problema fundamental, entretanto, consistia exatamente em definir quais eram os ideais mais elevados e estabelecer os meios através dos quais eles seriam difundidos. A esse respeito, liberais, positivistas, socialistas e religiosos nunca chegaram a um acordo, a não ser quanto à necessidade de todos serem "educados". A partir de então, educação e escolarização passaram a se confundir. As concepções de educação ganharam uma infinidade de formas, as perspectivas educacionais e escolares, associadas à ascensão social dos indivíduos e à mudança social cresceram formidavelmente. Cresceram, também, os conflitos e confrontos no campo pedagógico, a diversidade dos conteúdos do ensino e as formas de ensiná-los, os interesses e os motivos para a reivindicação de uma educação universal, tanto na escola quanto fora dela.

Enfim, a partir de meados do século XIX, vários projetos construtivos colocaram em confronto representações que expressavam, cada um à sua maneira, elevados ideais acerca do homem e do futuro da humanidade. Todos eles, uns mais outros menos, viam na escola um lugar privilegiado de difusão desses ideais. Não era mais suficiente um indivíduo educado pela tradição, em âmbito local, incorporando um sistema de hábitos e costumes que pouco ultrapassava os limites da família, da vizinhança ou da aldeia. A essa socialização primária dever-se-ia somar um sistema mais sofisticado, ampliado e racionalizado de códigos, símbolos e informações que permitissem ao indivíduo ultrapassar o empirismo, o localismo e a precariedade do conhecimento do senso comum.

Uma escola que ensinasse "tudo a todos" já era prescrita por Comênio desde o século XVII. Entretanto, somente dois séculos depois foram criadas as condições materiais e ideais para, de fato, começar a universalizar a escolarização, entendida como um conjunto sistematizado de conhecimentos que uma determinada cultura elege e legitima como passível de ser ministrado através de um currículo, com profissionais especialmente voltados para essa tarefa, em instituições, tempos e lugares bem definidos e regula-

COLEÇÃO BIBLIOTECA UNIVERSITÁRIA

mentados por lei. Essa é a escola moderna, posta para funcionar como sistema de ensino pelo Estado moderno, compondo a nova paisagem que se configurava no ambiente da modernidade e que passou a suscitar enorme debate acerca das suas possibilidades e seus limites.

O século XX foi uma época de enorme expansão da rede escolar. Foi, entretanto, uma época de severo questionamento das suas possibilidades. Ao entusiasmo suscitado pelos projetos construtivos sucedeu um profundo desapontamento com relação à capacidade humana de construir o futuro tão sonhado. As duas grandes guerras mundiais, as crises do capitalismo e do socialismo, os totalitarismos, o distanciamento cada vez maior entre ricos e pobres, tudo isso jogou por terra os ideais de "ordem e progresso" e o entusiasmo sobre as possibilidades de aperfeiçoamento moral do homem. Essa mudança de perspectiva afetou drasticamente a expectativa que se tinha da escola.

Será necessário outro livro para apreender o profundo questionamento que, a partir de meados do século XX, se abateu sobre o papel da escola nas sociedades contemporâneas. Por enquanto, não é possível mais que apontar os elementos mais gerais do "paradigma da reprodução", que adquiriu enorme força de explicação sobre o lugar da escola na sociedade e enorme influência na crítica às instituições escolares. Nas décadas de 1960 e 1970, uma grande, quantidade de estudos sobre a escola passou a denunciá-la como instrumento de reprodução social, o que inverteu radicalmente a expectativa que se tinha dela. Louis Althusser denunciou a escola como espaço de reprodução da ideologia dominante. Pierre Bourdieu e Claude Passeron denunciaram-na como espaço de reprodução da cultura dominante. Christian Baudelot e Roger Establet viram nela os espaços de reprodução das relações de classe do capitalismo. O mesmo fizeram Samuel Bowles e Herbert Gintis.

Concomitantemente à constituição dessa tradição crítica em Sociologia da Educação na França e nos Estados Unidos, foram elaborados na Inglaterra vários trabalhos que ficaram conhecidos pelo nome de Nova Sociologia da Educação ou NSE. A questão pedagógica central, para os autores desses trabalhos, gira em torno dos fatores determinantes dos processos de seleção, de estruturação e de transmissão dos saberes escolares. Daí que o currículo passa a ser uma questão de grande relevância para a investigação sociológica. O que é o currículo? Como ele se constitui? Quais são os conteúdos que ele reproduz, quem os seleciona e por quê? O debate sobre educação na Inglaterra dá lugar, a partir desse momento, a uma interrogação sobre a natureza dos conteúdos culturais suscetíveis de serem incorporados aos currículos, sobre a diferenciação possível deses conteúdos e sobre as formas de organização escolar em função das diferentes categorias de públicos aos quais o ensino é dirigido.

Tanto num caso como no outro, a escola é vista como aparato de reprodução. Nas palavras de Pierre Dandurand e Émile Ollivier:

> Todos esses trabalhos têm em comum a particularidade de definir a educação como local de exercício do poder a serviço de grupos sociais, os mesmos que dominam no conjunto da sociedade. Num certo sentido trata-se de uma "revolução copernicana": inverte-se a significação mais frequentemente atribuída pelos sociólogos ao papel da escola na sociedade: de instância de emancipação e de progresso (mobilidade, saber), a educação torna-se a instância por excelência do controle simbólico e da reprodução social (DANDURAND; OLLIVIER, 1991, p. 128).

Esse desapontamento teve importantes repercussões na visualização das possibilidades de transformação social atribuídas à escola. Duas implicações podem ser destacadas. Por um lado, a visualização das possibilidades de transformação foi deslocada da escola para outros espaços de luta, os movimentos sociais. Por outro lado, tratou-se de encontrar um equilíbrio entre uma visão encantadoramente otimista, que via a escola como portadora de todas as possibilidades, e uma visão muito pessimista, que via a escola como uma entidade que não tinha possibilidade nenhuma.

Em outros termos, se a escola passou a ser vista como espaço de reprodução das desigualdades que deveria combater, as transformações sociais deveriam ser produzidas por meio de lutas travadas fora dela, isto é, nos sindicatos, nos partidos, nas associações de classe, nas organizações comunitárias, etc. Como resultado dessa crítica e das lutas travadas fora dela, a própria escola poderia sofrer alguma mudança, reordenando-se em seu curso interno e reorientando, por consequência, sua função social. A partir de então, houve uma explosão do objeto de estudo da Sociologia da Educação. Uma enorme quantidade de estudos mapeou a escola tentando entendê-la à luz das relações entre fatores internos (o currículo, a sala de aula, as relações professor/aluno, a gestão) e externos (a estrutura socioeconômica, a diversidade cultural, os fatores políticos, as relações entre escola e família). Essas obras, geralmente balanços críticos, apontam para o que constitui, hoje, a problemática central da análise sociológica em educação: a relação entre escola e cultura, análise em que as relações entre os condicionantes materiais e os processos culturais são centrais, onde os participantes são vistos na perspectiva de sujeitos ativos e não unilateralmente determinados pelas estruturas, com intensa observação feita no interior do aparelho escolar sobre a vida na escola e fora dela, o mundo do trabalho e das relações sociais, num processo em que análises microssociológicas juntam-se a análises macrossociológicas na tentativa de produzir uma visão de conjunto sobre a instituição escolar e sua relação com a sociedade. O significado dessa abordagem e seu alcance explicativo ficam para outro momento.

Referências

ADORNO, Theodor; HORKHEIMER, Max. *Dialética do esclarecimento: fragmentos filosóficos*. Rio de Janeiro: Jorge Zahar, 1985.

AMARAL, Leila. *Do Jequitinhonha aos canaviais: em busca do paraíso mineiro*. 3 v. Belo Horizonte: UFMG, 1988. Dissertação (Mestrado em Sociologia da Cultura) – FAFICH, Universidade Federal de Minas Gerais, Belo Horizonte, 1988.

APPLE, Michael. *Educação e poder*. Porto Alegre: Artes Médicas, 1989.

ARROYO, Miguel G. Revendo os vínculos entre trabalho e educação: elementos materiais da formação humana. In: SILVA, Tomaz Tadeu (Org). *Trabalho, educação e prática social: por uma teoria da formação humana*. Porto Alegre: Artes Médicas, 1991.

BAUDELOT, Christian. A Sociologia da Educação: para quê? *Teoria e debate 3*, Porto Alegre, Pannonica, 1991.

BEAUVOIS, Yves; POULAIN, Alexandra. Micromega. *Correio da UNESCO*, v. 21, n. 9-10, set-out. 1993.

BERGER, Peter; BERGER, Brigitte. Socialização: como ser um membro da sociedade. In: FORACCHI, Marialice M.; MARTINS, José de Souza (Orgs.). *Sociologia da Educação: leituras de introdução à sociologia*. Rio de Janeiro: LTC, 1977.

BERMAN, Marshall. *Tudo que é sólido desmancha no ar: a aventura da modernidade*. São Paulo: Companhia das Letras, 1988.

BOSI, Alfredo. *Dialética da colonização*. São Paulo: Companhia das Letras, 1992.

COLEÇÃO BIBLIOTECA UNIVERSITÁRIA

BOURDIEU, Pierre. *A economia das trocas simbólicas*. 2. ed. Organização, tradução e apresentação de Sérgio Miceli. São Paulo: Perspectiva, 1987.

BOURDIEU, Pierre. *O poder simbólico*. Lisboa: Difel, 1989.

BOURDIEU, Pierre. *Sociologia*. São Paulo: Ática, 1983.

BOURDIEU, Pierre; PASSERON, Jean Claude. *A reprodução: elementos para uma teoria do sistema de ensino*. 3. ed. Rio de Janeiro: Francisco Alves, 1992.

BRANDÃO, Carlos Rodrigues. A partilha do tempo. In: SANCHIS, Pierre (Org.). *Catolicismo: cotidiano e movimentos*. São Paulo: Loyola, 1992. p. 89-153.

BRANDÃO, Carlos Rodrigues. *O que é educação*. 33. ed. São Paulo: Brasiliense, 1995.

BRAVERMAN, Harry. *Trabalho e capital monopolista: a degradação do trabalho no século XX*. 3. ed. Rio de Janeiro: Guanabara, 1987.

BUFFA, Ester. Educação e cidadania burguesas. In: ARROYO, Miguel; BUFFA, Ester; NOSELLA, Paolo. *Educação e cidadania: quem educa o cidadão?* 4. ed. São Paulo: Cortez, 1993.

CARVER, Terrell. Darwinismo social. In: BOTTOMORE, Tom; OUTHWAITE, William (Org.). *Dicionário do pensamento social do século XX*. Rio de Janeiro: Zahar, 1996.

CHAUI, Marilena. *Convite à Filosofia*. 2. ed. São Paulo: Ática, 1995.

CHAUI, Marilena. *Conformismo e resistência: aspectos da cultura popular no Brasil*. 6. ed. São Paulo: Brasiliense, 1994.

COCKBURN, Andrew. Escravos do século XXI. *National Geographic Brasil*, n. 4, v. 41, set. 2003.

COELHO NETTO, José Teixeira. *Moderno pós-moderno: modos e versões*. 3. ed. São Paulo: Iluminuras, 1995.

COHN, Gabriel (Org.). Introdução. In: *Weber*: Sociologia. 3. ed. São Paulo: Ática, 1986.

COHN, Gabriel (Org.). *Sociologia: para ler os clássicos*. Rio de Janeiro: LTC, 1977.

CONDÉ, Mauro Lúcio Leitão. De Galileu a Armstrong: as várias faces da lua. *Cronos, Revista de História*, Pedro Leopoldo, n. 5, v. 2, 2002.

CORRÊA, Mariza. A revolução dos normalistas. *Cadernos de Pesquisa*, São Paulo, v. 66, ago. 1988.

CUIN, Charles-Henry; GRESLE, François. *História da Sociologia*. São Paulo: Ensaio, 1994.

CUNHA, Luiz Antônio. *Educação e desenvolvimento social no Brasil*. Rio de Janeiro: Francisco Alves, 1975.

CURY, Carlos Roberto Jamil. *Ideologia e educação brasileira*: católicos e liberais. 4. ed. São Paulo: Cortez: Autores Associados, 1988.

CURY, Carlos Roberto Jamil. *Educação e contradição*: elementos metodológicos para uma teoria crítica do fenômeno educativo. São Paulo: Cortez, 1989.

DANDURAND, Pierre; OLLIVIER, Émile. Os paradigmas perdidos: ensaio sobre a Sociologia da Educação e seu objeto. *Teoria e Educação* 3, Porto Alegre, Pannonica, 1991.

DECLARAÇÃO de Direitos de Virgínia (1776). *Direitos Humanos*, Revista da OAB, n. 19, 1982.

DECLARAÇÃO dos Direitos do Homem e do Cidadão (1789). *Direitos Humanos*, Revista da OAB, n. 19, 1982.

DECLARAÇÃO Universal dos Direitos do Homem (1948). *Direitos Humanos*, Revista da OAB, n. 19, 1982.

DE DECCA, Edgar. *O nascimento das fábricas*. São Paulo: Brasiliense, 1982.

DESCARTES, René. *Discurso sobre o método*. São Paulo: Hemus, [s.d.].

DOURADO, Luiz Fernando (Org.). *Plano Nacional de Educação (2011-2020): avaliação e perspectivas*. Belo Horizonte: Autêntica, 2011.

DUMONT, Louis. *O individualismo*: uma perspectiva antropológica da ideologia moderna. Rio de Janeiro: Rocco, 1993.

DURÃES, Sarah Jane Alves. Aprender a ser maestro/a en las Escuelas Normales de Brasil y España en los oichocientos. *Cadernos de Educação*, Pelotas, FaE/UFPel, n. 33, p. 15-35, maio/ago. 2009.

DURHAM, Eunice. Introdução. In: MALINOWSKI, Bronislaw. *Argonautas do Pacífico Ocidental*. 3. ed. São Paulo: Abril Cultural, 1984. (Coleção Os Pensadores).

DURKHEIM, Émile. A educação como processo socializador: função homogeneizadora e função diferenciadora. In: PEREIRA, Luiz; FORACCHI, Marialice. *Educação e Sociologia: leituras de sociologia da educação*. 13. ed. Rio de Janeiro: Nacional, 1987.

DURKHEIM, Émile. *A evolução pedagógica*. Porto Alegre: Artes Médicas, 1995.

DURKHEIM, Émile. Representações individuais e representações coletivas. In: _____. *Sociologia e filosofia*. Rio de Janeiro/São Paulo: Forense, 1970.

DURKHEIM, Émile. *As regras do método sociológico*. 14. ed. São Paulo: Companhia Editora Nacional, 1990.

DURKHEIM, Émile. *Educação e sociologia*. Lisboa: Edições 70, 2001.

DURKHEIM, Émile. *A divisão do trabalho social*. 3. ed. Lisboa: Presença, 1989. v. 1.

ELIAS, Norbert. *A sociedade dos indivíduos*. Rio de Janeiro: Jorge Zahar, 1994.

FEATHERSTONE, Mike. *Cultura de consumo e pós-modernismo*. São Paulo: Studio Nobel, 1995.

FORQUIN, Jean-Claude. *Escola e cultura: as bases sociais e epistemológicas do conhecimento escolar*. Porto Alegre: Artes Médicas, 1993.

FORACCHI, Marialice (Org.). *Mannheim. Sociologia*. São Paulo: Ática, 1982.

FRIDMAN, Luis Carlos. (Org.). *Socialismo: Émile Durkheim, Max Weber*. Rio de Janeiro: Relume-Dumará, 1993.

GALBRAITH, John Kenneth. *A era da incerteza*. 8. ed. São Paulo: Pioneira, 1986.

GEERTZ, Clifford. *A interpretação das culturas*. Rio de Janeiro: Guanabara, 1989.

GERTH, Hans. H.; MILLS, C. Wright. Introdução. In: WEBER, Max. *Ensaios de Sociologia*. Rio de Janeiro: Guanabara, 1982.

GELLNER, Ernest. *Pós-modernismo, razão e religião*. Lisboa: Instituo Piaget, 1992.

GIDDENS, Anthony. *Capitalismo e moderna teoria social*. 3. ed. Lisboa: Presença, 1990.

GINZBURG, Carlo. *O queijo e os vermes: o cotidiano e as ideias de um moleiro perseguido pelo tribunal da inquisição*. São Paulo: Companhia das Letras, 1987.

GIROUX, Henry. *Teoria crítica e resistência em educação*. Petrópolis: Vozes, 1986.

HARVEY, David. *A condição pós-moderna: uma pesquisa sobre as origens da mudança cultural*. São Paulo: Loyola, 1993.

HERSCHMANN, Micael M.; PEREIRA, Carlos Alberto Messeder (Orgs.). *A invenção do Brasil moderno: medicina, educação e engenharia nos anos 20-30*. Rio de Janeiro: Rocco, 1994.

HOBSBAWM. *Era dos Extremos: o breve século XX; 1914-1991*. São Paulo: Companhia das Letras, 1995.

HOUAISS, Antônio; AMARAL, Roberto. *A modernidade no Brasil: conciliação ou ruptura?* Petrópolis: Vozes, 1995.

IANNI, Octavio. A sociologia e o mundo moderno. *Tempo Social*, Revista de Sociologia da USP, São Paulo, v. 1, n. 1, 1989.

JAMESON, Fredric. *Pós-modernismo: a lógica cultural do capitalismo tardio*. São Paulo: Ática, 1996.

KAPLAN, Ann. *O mal-estar no pós-modernismo: teorias e práticas*. Rio de Janeiro: Jorge Zahar, 1993.

KURZ, Robert. *O colapso da modernização: da derrocada do socialismo de caserna à crise da economia mundial*. Rio de Janeiro: Paz e Terra, 1992.

LARAIA, Roque de Barros. *Cultura: um conceito antropológico*. Rio de Janeiro: Zahar, 2002.

LE GOFF, Jacques. Antigo/moderno. In: *História e memória*. 3. ed. Campinas: Ed. da Unicamp, 1994.

LERENA, Carlos. *Materiales de sociología de la educación e de la cultura*. Madrid: Grupo Cultural Zero, 1985.

LIBÂNEO, José Carlos. *Organização e gestão da escola: teoria e prática*. 5. ed. Porto Alegre: Alternativa, 2004.

LOPES, Eliane Marta S. Teixeira; BICALHO, Marly Gonçalves. Colégios religiosos femininos e masculinos em Minas gerais: um mapeamento ainda provisório. *Educação em Revista*, Revista da Faculdade de Educação da UFMG, Belo Horizonte, v. VIII, n. 17, p. 47-55, jun. 1993.

LÖWITH, Karl. Max Weber e Karl Marx. In: GERTZ, René E. (Org.). *Max Weber e Karl Marx*. São Paulo: Hucitec, 1994.

LÖWY, Michael. *As aventuras de Karl Marx contra o Barão de Münchhausen: marxismo e positivismo na sociologia do conhecimento*. São Paulo: Busca Vida, 1987.

MANNHEIM, Karl. *Diagnóstico do nosso tempo*. 3. ed. Rio de Janeiro: Paz e Terra, 1973.

MANNHEIM, Karl. *Liberdade, poder e planejamento democrático.* São Paulo: Mestre Jou, 1972.

MANNHEIM, Karl. *Ideologia e utopia.* 4. ed. Rio de Janeiro: Guanabara, 1986.

MACEDO, Carmem Cinira de. Todo dia é dia. In: SANCHIS, Pierre (Org.). *Catolicismo: cotidiano e movimentos.* São Paulo: Loyola, 1992. p. 209-239.

MARSHALL, Thomas Humphrey. *Cidadania, classe social e status.* Rio de Janeiro: Zahar, 1967.

MARX, Karl. *A questão judaica.* São Paulo: Moraes, [s. d.].

MARX, Karl. *Manuscritos de París.* México: Grijalbo, 1978.

MARX, Karl. *A origem do capital.* (A acumulação primitiva.). 4. ed. São Paulo: Global, 1981.

MARX, Karl. *O capital – crítica da economia política.* São Paulo: Difel, 1985. v. I.

MARX, Karl. O 18 brumário de Luís Bonaparte. In: MARX, Karl; ENGELS, Friedrich. *Textos.* São Paulo: Alfa-Omega, 1977a. v. 3.

MARX, Karl. Prefácio à "contribuição à crítica da economia política". In: MARX, Karl; ENGELS, Friedrich. *Textos.* São Paulo: Alfa-Omega, 1977b. v. 3.

MARX, Karl; ENGELS, Friedrich. Manifesto do Partido Comunista. In: ____. *Textos.* São Paulo: Alfa-Omega, 1977c. v. 3.

MEIRELES Cecília, *Romanceiro da Inconfidência.* Disponível em: <http://professor.ucg.br/SiteDocente/admin/arquivosUpload/5628/material/Cec%C3%83%C2%ADlia%20Meireles%20-%20Romanceiro%20da%20Inconfid%C3%83%C2%AAncia%20%5BRev%-5D%5B1%5D.pdf>. Acesso em: 22 jan. 2015.

MILLS, Wright C. *A imaginação sociológica.* 6. ed. Rio de Janeiro: Zahar, 1982.

MILLS, Wright C. Educação e classe social. In: PEREIRA, Luiz; FORACCHI, Marialice. *Educação e Sociedade: leituras de sociologia da educação.* 13. ed. Rio de Janeiro: Nacional, 1987.

MORAES FILHO, Evaristo (Org.). Introdução. *Comte: Sociologia.* São Paulo: Ática, 1989.

MORAIS, Régis de. (Org.). *Sala de aula: que espaço é esse?* 8. ed. Campinas: Papirus, 1999.

NAGLE, Jorge. A educação na Primeira República. In: FAUSTO, Boris (Org.). *História geral da civilização brasileira*. v. 2: Sociedade e instituições (1889-1930). Rio de Janeiro: Difel, 1977. (Tomo III: O Brasil Republicano).

NOGUEIRA, Maria Alice. *Educação, saber, produção e m Marx e Engels*. São Paulo: Cortez: Autores Associados, 1990.

OLIVEIRA, Bernardo Jefferson. *História da ciência no cinema*. Belo Horizonte: Argentum, 2005.

OLIVEIRA, Dalila Andrade (Org.). *Gestão democrática da educação*: desafios contemporâneos. Petrópolis: Vozes, 1997.

OLIVEIRA, Dalila Andrade; DUARTE, Marisa R. T. (Org.). *Política e Trabalho na escola*: administração dos sistemas públicos de educação básica. Belo Horizonte: Autêntica, 1999.

OLIVEIRA, Manfredo Araújo de. *Ética e sociabilidade*. São Paulo: Loyola, 1993.

PAULA, João Antonio de. *Raízes da modernidade em Minas Gerais*. Belo Horizonte: Autêntica, 2000.

PETITAT, André. Itinerário de leituras de um sociólogo da educação: de um mito ao outro. *Teoria e Educação 3*, Porto Alegre, Pannonica, 1991.

PORTO, Humberto; SCHLESINGER, Hugo. *Dicionário enciclopédico das religiões*. Petrópolis: Vozes, 1995. 2 v.

RESENDE, Lucia Maria C. *Relações de poder no cotidiano escolar*. Campinas: Papirus, 1995.

RIBEIRO JR, João. *O que é positivismo*. 4. ed. São Paulo: Brasiliense, 1985.

RODRIGUES, José Albertino. *Durkheim*: Sociologia. São Paulo: Ática, 1990.

ROUANET, Sérgio Paulo. *Mal-estar na modernidade*: ensaios. São Paulo: Companhia das Letras, 1993.

SANCHES, Antonio H. *Sociologia da educação*. Rio de Janeiro: Thex, 2001.

SANCHIS, Pierre (Org.). Introdução. In: _____. *Catolicismo: moder-nidade e tradição*. São Paulo: Loyola, 1992. p. 9-39.

SANTOS, Boaventura de Sousa. *Pela mão de Alice: o social e o político na pós-modernidade*. 3. ed. São Paulo: Cortez, 1997.

SAVIANI, Dermeval. *Escola e democracia*. 25. ed. São Paulo: Cortez: Autores Associados, 1991.

SAVIANI, Dermeval. Desafios da construção de um sistema nacional articulado de educação. *Trabalho, educação e saúde*, v. 6, n. 2, p. 213-231, jul.-out. 2008.

SILVA, Tomaz Tadeu (Org.). *Teoria educacional crítica em tempos pós-modernos*. Porto Alegre: Artes Médicas, 1993.

SHORE, Cris. Comunidade. In: BOTTOMORE, Tom; OUTHWAITE, William (Orgs.). *Dicionário do pensamento social do século XX*. Rio de Janeiro: Zahar, 1996.

SOUZA, João Valdir Alves. *Igreja, Educação e Práticas Culturais: a mediação religiosa no processo de produção/reprodução sociocultural na região do médio Jequitinhonha mineiro*. Belo Horizonte: UFMG, 2000. 360 p. Tese (Doutorado em História e Filosofia da Educação) – Pontifícia Universidade Católica de São Paulo, São Paulo, 2000.

SOUZA, João Valdir Alves de. Dimensão normativa e desafios atuais dos cursos de licenciatura. In: SOUZA, João Valdir Alves de; OLIVEIRA, Miria Gomes; DINIZ, Margareth (Orgs.). *Formação de professores(as) e condição docente*. Belo Horizonte: Ed. da UFMG, 2014a.

SOUZA, João Valdir Alves de. Os profissionais do ensino como mediadores das culturas na escola. In: SOUZA, João Valdir Alves de; OLIVEIRA, Miria Gomes; DINIZ, Margareth (Orgs.). *Formação de professores(as) e condição docente*. Belo Horizonte: Ed. da UFMG, 2014b.

STAVENHAGEN, Rodolfo. Classes sociais e estratificação social. In: FORACCHI, Marialice M.; MARTINS, José de Souza (Orgs.). *Sociologia da Educação: leituras de introdução à sociologia*. Rio de Janeiro: LTC, 1977.

TOURAINE, Alain. *Crítica da modernidade*. 2. ed. Petrópolis: Vozes, 1995.

WACQUANT, Loïc J. D. Positivismo. In: BOTTOMORE, Tom; OUTHWAITE, William (Org.). *Dicionário do pensamento social do século XX*. Rio de Janeiro: Zahar, 1996.

WASSEF, Aya. A prova dos noves. *Correio da UNESCO*, v. 21, n. 9-10, set.-out. 1993.

WEBER, Max. *A ética protestante e o espírito do capitalismo*. 11. ed. São Paulo: Pioneira, 1996.

WEBER, Max. *Economia e sociedade*: *fundamentos da sociologia compreensiva*. 3. ed., Brasília: Ed. da UNB, 1994. v. 1.

WEBER, Max. *Ensaios de Sociologia*. 5. ed. Rio de Janeiro: Guanabara, 1982.

WEBER, Max. *Metodologia das ciências sociais*. 2. ed. São Paulo: Cortez; Campinas: Ed. da Unicamp, 1995. 2 v.

WEBER, Max. *Sociologia*. 3. ed. São Paulo: Ática, 1986.

WILLIS, Paul. *Aprendendo a ser trabalhador*: *escola, resistência e reprodução social*. Porto Alegre: Artes Médicas, 19991.

WILSON, Edmund. *Rumo à estação Finlândia*: *escritores e atores da história*. São Paulo: Companhia das Letras, 1986.

Este livro foi composto com tipografia Minion e impresso
em papel Off Set 75 g/m² na Formato Artes Gráficas.